Herstellung: Books in Time
Hamburg

Kornélia Petrik

Warum lassen wir Menschen das alles zu?

Brauchen wir einen neuen Kreuzzug
wegen dem Glauben?

ROT BLATT

Ihr alternativer Literaturverlag

Die Deutsche Bibliothek – CIP-Einheitsaufnahme

Ein Titeldatensatz für diese Publikation ist bei
der Deutschen Bibliothek erhältlich.

Textliche Gestaltung erfolgte durch die Autorin.

ISBN 3-937221-52-2

katercom/rotblatt im Iris Kater Verlag – Viersen
Tel. 02162-97 99 37; Fax 02162-97 99 35
www.rotblatt.com

Dieses Buch widme ich in tiefer Dankbarkeit meinen Söhnen David und Marco. Jenen zwei wunderbaren Menschen, die mich lieben und so akzeptieren, wie ich bin. Sie bereichern mein Leben täglich aufs Neue und fordern mich durch ihre Ansichten auf, die Dinge aus einem anderen Blickwinkel zu betrachten.

Liebe Leserin,
lieber Leser,

wegen einer größeren zahnärztlichen Behandlung und den daraus resultierenden Schmerzen, hatte ich mich etwas aus dem gesellschaftlichen Leben zurückgezogen. Mehrere meiner Freunde und Bekannten rieten mir, in dieser Zeit des Rückzugs ein Buch zu schreiben.

„Nun“, dachte ich, „warum eigentlich nicht?“ Die Ereignisse im Irak und einige Äußerungen von Politikern, speziell aus dem Kabinett von Mr. Bush, haben mich bewogen, meine Gedanken mit anderen Menschen zu teilen. Im Besonderen interessiert mich, warum wir immer noch so tun, als ob Gott eine Tatsache wäre und Grund dafür, dass wir uns deswegen gegenseitig umbringen.

Wir Menschen wollten schon immer wissen, woher wir kommen und wohin wir nach unserem Tod gehen. Ich zähle mich zu diesen Menschen, weil mich das Leben – trotz aller Schmerzen und Widrigkeiten - fasziniert und weil ich irgendwie nach dem Sinn suche. Wir haben uns natürlich viele Antworten darauf gegeben.

Aber leider gibt es keine wirklich eindeutige Antwort. Das hindert die Kirche aber nicht daran so zu tun, als ob ihre Antwort die einzige Wahrheit wäre. Tatsache ist, dass es niemand weiß, darum sind wir hier einzig auf den Glauben angewiesen.

Ich werde immer wieder gefragt, warum ich diese Sache mit dem Glauben nicht sein lassen kann. Ein lieber Freund sagte mir sogar, dass ich „mein reichliches Wissen ausschöpfend weitergeben möchte, um meine Erfahrungen über endlose Diskussionen voranzutreiben“. Ja, es ist nicht leicht, weil sich gläubige Menschen schlichtweg weigern, über die Bibel und den Glauben zu diskutieren.

Darauf kann ich nur sagen: Meine Motivation ist meine eigene „Leidensgeschichte“ und weil die Geschichte der Menschen die Geschichte von Mord und Totschlag ist und die Religion bis zum heutigen Tag viel dazu beiträgt, dass es so bleibt.

Noch eine Motivation ist, dass meine Geschichte dazu beitragen könnte, Leuten mit ähnlichen Erfahrungen das Leben zu erleichtern. Als ich mit meiner Bulimie kämpfte, war ich überzeugt, der einzige Mensch auf der Welt zu sein, der so was machte. Ich „wusste“, dass es eine Sünde war, weil ich ja Nahrungsmittel verschwendete. Als ich in einer Illustrierten gelesen habe, dass Bulimie eine sehr verbreitete Sucht sei, war ich völlig erstaunt, aber auch ungemein erleichtert.

Wir sind zwar alle „unverwechselbare Einzelexemplare“ und trotzdem sind wir „Herdentiere“, die nicht gerne allein sind.

Was wir von Haus aus mitbringen ist so normal, dass wir annehmen, jeder Mensch habe diese Eigenschaften auch. Es gibt Menschen, die Töne sehen können. Diese Menschen haben keine Zweifel, dass das alle Menschen können. Wenn sie die Erfahrung machen, dass das nicht jeder kann, sind sie erstaunt.

Kein Mensch musste mir beibringen, Musik zu lieben. Als ich mit anderen Menschen darüber sprach, war ich erstaunt, dass nicht alle gerne Mozart hören. Ich aber brauche diese Musik fast so sehr, wie die Luft zum Atmen.

Ich weiß, dass ich mit meinen Vorlieben und Abneigungen nicht allein bin, auch wenn ich es manchmal so empfinde.

Mit Gott ist das auch so eine Sache. Ich kenne viele Leute, die nicht gläubig sind. Sie gehen nicht in die Kirche und sie beten nicht. Trotzdem zweifeln sie nicht an der Existenz Gottes. Andere beten und gehen in die Kirche und zweifeln trotzdem, trauen sich aber nicht es auszusprechen.

Viele religiöse Gruppierungen verkünden ihre Botschaft auf der Straße und an den Haustüren. Der „Homo Sapiens“ ist ein wissender Mensch, darum braucht er Worte, um verstehen zu können. Folglich ist die Sprache in schriftlicher und mündlicher Form meiner Meinung nach die einzige Möglichkeit, um unsere Gedanken und Erfahrungen auszutauschen. Das brauchen wir, um unser Leben und damit die Welt zu einem glücklicheren Ort zu machen.

Ich möchte zu den Menschen reden, damit sie nicht einseitig von Befürwortern der Kirche hören. Und ich möchte den Zweiflern sagen, dass sie nicht alleine sind.

Die Religionsbefürworter verteufeln einfach alles, was nicht in ihr Weltbild passt. Ganz besonders „teuflisch“ ist ihrer Meinung nach die Sexualität. Die Jugendlichen werden angehalten, keinen Sex vor der Ehe zu haben.

Warum denn? Sexualität ist ein Bedürfnis jedes Menschen. Warum sollte hier jemand Kontrolle über meine Sexualität ausüben wollen? Hat man schon einmal gehört, dass man Bienen einem solchen Zwang unterwarf? Warum wohl nicht?

Wir wurden doch gemäß biblischer Aussage von Gott erschaffen. Darf man denn etwas, das von Gott kommt verteufeln? Die Antwort ist leider „Ja“. Das wirklich Perfide an der Bibel ist, dass sie jeder nach seinem Gutdünken auslegen kann und die Kirche die Menschen damit erpresst.

Weil es ja keine endgültig letzte Wahrheit gibt, möchte ich meine Auffassung dazu äußern.

Allerdings muss ich darauf hinweisen, dass diese Gedanken nicht allein auf „meinem Mist“ gewachsen sind. Ich habe im Laufe meines Lebens nicht nur viele Romane, sondern auch Bücher über Philosophie, Medizin, Psychologie, Esoterik und Astrologie gelesen. An die Namen vieler Autoren kann ich mich nicht mehr erinnern, aber jeder hat auf seine Weise meine Gedanken und mein Leben beeinflusst.

Das Buch von Erich Fromm, „Die Kunst des Liebens“, hat mich sehr beeindruckt, weil es für mich ein Anstoß dazu war, mich lieben zu lernen. Natürlich darf hier das Buch von Thorwald Dethlefsen „Schicksal als Chance“ nicht fehlen. In letzter Zeit hat mich das Buch von Daniel S. Kallen, „und töte Frauen, Kinder und Säuglinge..“, in meinen Ansichten über Religion sehr bestärkt. Ich las verschiedene Artikel und Interviews aus diversen Magazinen.

Sehr interessant fand ich die zahlreichen Interviews mit dem Theologieprofessor Gerd Lüdemann über Glauben und Gott im Magazin „Der Spiegel". Im Magazin „Spektrum der Wissenschaft" habe ich ein Interview mit Prof. Dr. Wolf Singer gelesen. Es ging darum, wie unser Gehirn funktioniert und um die Frage, ob wir wirklich einen freien Willen haben. Erwähnen muss ich auch das Buch von Allen und Barbara Pease „Warum Männer nicht zuhören und Frauen schlecht einparken". Ganz besonders haben mir die Bücher von Ella Kensington gefallen. Diese Bücher zeigen sehr schön, wie wir einerseits von unserem Gehirn gesteuert werden, andererseits auch, wie wir dieses Gehirn einsetzen können, um glücklich zu werden.

Alle diese Bücher und Artikel haben mich darin bestärkt, dass „die Sache mit Gott", egal in welcher Religion, keinen guten Einfluss auf die Volksgemeinschaft hat. Ich finde es an der Zeit, dass wir umdenken und uns überlegen, wie wir diese Welt zu einem besser Ort für alle Menschen machen können.

Dazu müssen wir anschauen, wie wir Menschen geschaffen sind und ob es sich lohnt, wegen einer kurzen Lebensdauer von vielleicht 100 Jahren, die Erde zu vergiften und uns zu bekriegen.

Um es gleich vorweg zu nehmen; ich möchte dich nicht bekehren, (na ja, vielleicht ein bisschen) sondern dich auf „andere Gedanken" bringen und um eventuell ein besseres Verständnis für uns Menschen zu entwickeln. Ich bin wie du. Ich besitze die gleichen Eigenschaften wie du, nur anders gewichtet und verteilt. Ich bin absoluter Durchschnitt. Manchmal egoistisch, manchmal altruistisch und nicht speziell auffällig. Außer, dass ich - auch aus persönlichen Gründen - mich über „Kirche und Religion" ziemlich aufregen kann. Vielleicht hast du ähnliche Gedanken wie ich? Dann sind wir schon gute Bekannte, aber sicher Freunde im Geist. Wenn nicht, dann werden wir es vielleicht im Laufe der nächsten Seiten.

Du möchtest vielleicht wissen wer ich bin und warum ich mich anmaße, meine Gedanken über Glaubensfragen aufschreiben?

Religion und Glaube haben mein Leben stark beeinflusst und mir lange Zeit große Angst beschert. Falls du auch ähnliches erlebt hast, fühlst du dich vielleicht besser, wenn du weißt, dass andere Leute mit den gleichen Schwierigkeiten zu kämpfen haben. In diesem Fall kann ich dir versichern, dass du nicht allein bist.

Ein Therapeut sagte einmal, dass die „Suche nach Gott“ ein Vaterkomplex sei und deshalb jeder Priester und Pfarrer einen Vaterkomplex habe. Ich weiß nicht, ob das in jedem Fall wirklich zutrifft, aber bei mir stimmte es sicher. Ich habe lange nach meinem Vater gesucht, aber in der Bibel habe ich ihn nicht gefunden, trotz der Versicherung, dass Gott unser himmlischer Vater ist.

I.
Schule und Kinderzeit in Birsfelden

Also, zuerst zu mir. Ich bin 1950 in Budapest geboren und habe noch einen jüngeren und einen älteren Bruder. Unser Vater ist gestorben, noch bevor ich zwei Jahr alt war. Meine Eltern gehörten in Ungarn der Baptistengemeinde an und wir Kinder wurden, auch nach dem Tod des Vaters, in diesem Sinne erzogen. 1956 flüchtete meine Mutter mit uns drei Kindern in die Schweiz - für mich ein absolut traumatisches Erlebnis -, wo sie fortan die freie Evangelische Gemeinschaft besuchte. So kam ich in den Genuss einer religiösen Erziehung.

In Ungarn war das Leben einfach, aber schön. In Budapest wohnten wir in einem Haus, das mein Vater gebaut hatte. Wir hatten Hühner und es war ein außergewöhnliches Erlebnis, wenn die kleinen Küken ausschlüpften und ich sie in den Händen halten konnte. In unserem schönen Garten wuchsen Tomaten und riesengroße Pfirsiche. Vor dem Haus blühte im Frühling der Flieder und verströmte seinen betörenden Duft. Tagsüber war ich im Tagesheim und in der Freizeit „fuhr“ mich mein Bruder in einem Lastwagen, der auf dem Hof abgestellt war, durch die Welt,. Mein Vater war Automechaniker und der Lastwagen war nur für kurze Zeit dort, aber während dieser Zeit hat uns das viel Vergnügen beschert.

Manchmal besuchte ich meine Verwandten im Süden des Landes, an der Grenze zu Rumänien. Großmutter holte mich in Budapest ab und die lange Bahnreise war ein großartiges Erlebnis. Die Zeit verging wie im Flug, weil mir Großmutter Lieder vorsang. Großmutter war, wie alle Witwen damals, immer in einen langen schwarzen Rock gekleidet und trug immer ein Kopftuch. Ich liebte sie schon deshalb, weil sie so anders aussah, als alle Leute, die ich kannte.

Wenn man in Ungarn verreist, dann hat man immer Reiseproviant bei sich. Das ist noch heute so. Großmutter hatte keine Zähne mehr und darum trug sie in ihrer Rocktasche immer ein kleines Messer bei sich. Mit diesem Messer schnitt sie das Brot und den Speck in ganz kleine

Stücke und schob es in ihren zahnlosen Mund. Ich war immer wieder fasziniert von diesem Schauspiel.

Bei den Verwandten im Süden war das Leben lustig. Es war immer sehr heiß und ich verbrachte die Zeit entweder mit der Großmutter auf dem Markt, oder ich spielte im Hof mit den Nachbarskindern.

Das Haus der Großmutter war klein und dunkel, ganz anders als unser Haus in Budapest. Das Dach war so weit heruntergezogen, dass ich es mit der Hand anfassen konnte. Außerdem hatte es keine Toilette, sondern nur ein Plumpsklo. Das war ganz schön beängstigend. Es war außerhalb des Hauses, weil es einen unangenehmen „Duft" verströmte. Es war auch sehr unheimlich, weil es drinnen kein Licht gab und weil ich immer irgendwie Angst hatte, dass ich in das dunkle, stinkende Loch reinfallen könnte.

Manchmal war ich auch bei diversen Tanten. Da es zu jener Zeit noch kein fließendes Wasser in den Häusern gab, durfte ich mit meinem Onkel Wasser vom Brunnen holen. Für diesen Zweck bekam ich meinen eigenen kleinen Wasserkessel und war unheimlich stolz darauf. Es gab damals noch sehr wenige Autos und keine asphaltierten Straßen. Jedes Mal, wenn ein Auto vorbeifuhr, wirbelte das den Sand auf der Straße auf und man konnte für kurze Zeit die Hand vor den Augen nicht sehen.

Hunde schien es in jedem Hof zu geben und ihr Gebell war meine Einschlafmusik.

Dann kam jener denkwürdige Morgen, als im Oktober 1956 die Revolution ausbrach und meine Welt und mein Leben in Trümmer fielen.

Wir verbrachten viele Tage im Keller der Nachbarn und hörten die Schüsse und den Kanonendonner. Ich hörte, dass das etwas mit den „Russkis" zu tun hatte. Ich hatte keine Ahnung was das bedeutet, aber ich spürte große Angst.

Eines Morgens verkündete meine Mutter, dass wir zu Großmutter fahren würden. Mir wurden alle meine vorhandenen Kleidungsstücke angezogen bis ich steif war wie ein Teddybär. Es war noch dunkel, als wir das Haus verließen. Der Bahnhof war mit Menschen überfüllt, aber Mutter bewerkstelligte es, in ein völlig überfülltes Abteil zu gelangen. Die Leute diskutierten und bewunderten Mutter, dass sie sich mit drei kleinen Kindern auf den Weg gemacht hatte.

Wir waren schon den ganzen Tag unterwegs und langsam dämmerte es mir, dass wir nicht zu Großmutter fuhren. Ich war müde und hatte Angst. Nach vielen Widrigkeiten fand Mutter einen hilfsbereiten Mann, der ihr über die Grenze half.

Wir mussten in der Dunkelheit ein Feld überqueren und auf eine erleuchtete Stelle zugehen. Wie ich später erfuhr, war das die österreichische Grenze. Einmal lief ich in ein Gebüsch hinein und erschrak zu Tode, weil ich glaubte, dass mich jetzt der „Russki" schnappen würde. Obwohl man mir versicherte, dass ich an der Hand geführt wurde, habe ich in der Erinnerung das Gefühl, dass ich allein und verlassen war.

Über verschiedene Auffanglager in Österreich, gelangten wir im Dezember 1956 in die Schweiz.

Mein Leben hatte sich jetzt völlig verändert. Zwar waren wir einige Tage in der Kaserne in Liestal, wo es auch Soldaten gab, aber die schossen nicht und waren freundlich. Es war alles ruhig und still. Die Straßen waren alle asphaltiert. Nur die Nahrungsmittel, die man mir vorsetzte waren ungenießbar. Bananen und Schokolade mochte ich, aber den Käse mit den Löchern konnte ich nicht schlucken.

Mein Leben in der Schweiz stand von Anfang an nicht unter einem sehr günstigen Stern. Es war aus vielerlei Gründen eine schwere Zeit für mich. Ich hatte unsagbares Heimweh nach Ungarn und der Großmutter und ich verstand die Sprache nicht. Die ersten Wochen in der 1. Klasse waren eine Qual, weil ich meistens einschlief.

Einige Kinder waren ausgesprochen ausländerfeindlich und hänselten mich dauernd. Anfangs verstand ich das noch nicht, aber dann fing ich an mich zu wehren. Egal wie groß oder schwer mein Gegenüber war, ich wollte das nicht auf mir sitzen lassen. Ich verprügelte jeden, der es wagte, mich wegen meiner Herkunft zu beleidigen. Es war die Zeit der blauen Flecken und mein Schutz bestand darin, dass ich durch die körperlichen Schmerzen meinen inneren Schmerz überspielte.

Ich hatte auch nicht das Gefühl, dass ich von meiner Mutter geliebt wurde. Diesen Schluss zog ich aus der Tatsache, dass sie mich aus meiner Heimat „verschleppt“ hatte. Bestärkt wurde ich in meiner Meinung auch deswegen, weil sie mich immer kritisierte und nie zu mir stand. Wenn sich jemand über mein Verhalten beklagte, wenn ich mich wieder mit einem Kind geprügelt hatte. Ohne irgendwelche Fragen zu stellen, bekam ich den Hintern versohlt und wurde von ihr verurteilt. Sie wollte nie hören, dass mich die Hänseleien der Kinder zu diesem Verhalten trieben. Mit der Zeit war ich meiner Mutter deswegen so böse, dass ich sogar die Annahme in Betracht zog, dass sie gar nicht meine richtige Mutter war.

Natürlich hatte meine Mutter ganz schnell eine christliche Gemeinde gefunden, die sie regelmäßig besuchte. Wir Kinder besuchten die Sonntagsschule, die mir sehr gut gefiel. Ich hörte schöne Geschichten von Jesus, der für uns am Kreuz starb, weil er die Menschen so sehr liebte. Diese Geschichten wurden mit Bildern illustriert, die einen sehr freundlichen Mann mit langen Haaren und bekleidet mit einem langen Gewand zeigten. Mit ausgebreiteten Armen forderte er die Kinder aller Rassen auf, zu ihm zu kommen. Da waren die Afrikaner mit ihren krausen Haaren, den dunklen Augen und ebenso dunkler Haut. Die Asiaten mit ihren mandelförmigen Augen und natürlich die Europäischen, wie ich es auch war. Also wurde ich doch von jemandem geliebt.

Die Sonntagsschule war auch wegen der „Tanten“ so schön. Diese jungen Frauen, die den Unterricht leiteten, waren allesamt ungemein geduldig, sehr lieb und sehr freundlich. Sie waren wirklich die Sanftmütigen dieser Welt und ich hatte das Gefühl, dass sie mich auch liebten. Musik war schon immer etwas, das mich entzückte und das ich liebte. Das Singen war für mich immer der Höhepunkt der Sonntagsschule. Wenn wir Lieder sangen wie „Jesus liebt die kleinen Kinder, alle Kinder dieser Welt“ oder „Jesus heißt uns leuchten in der dunklen Welt“, dann war ich schon im Paradies. Ich sang inbrünstig und aus voller Kehle mit.

Und jedes Jahr, immer wieder von neuem, die Weihnachtsgeschichte. Wie ungemein schön, dieses süße kleine Baby im Stall in einer Krippe liegend zu sehen. Umrahmt von Kühen und Schafen, dabei vom Stern von Bethlehem bestrahlt. Dieser überirdische Glanz auf diesem Kind, das konnte nur der Sohn Gottes sein. Kein Zweifel, Gott musste sehr mächtig sein und wir waren nur „arme kleine Sünder“. Um für unsere Sünden Vergebung zu finden, musste man nur an Jesus, den Sohn Gottes, glauben. Die ganze Sache war doch einfach, trotzdem war da ein kleiner Haken, der mir noch schwer zu schaffen machte.

Ich bekam eine „Kinderbibel", die sehr schön illustriert war. Das Alte Testament war schon eine schlimme Sache. Da konnte ich die Erschaffung der Erde und der Menschen betrachten. Gott war so eine Art Wolke und nahm auf diesen Bildern den ganzen Himmel ein. Obwohl die Bilder schwarz-weiß waren, machte mir dieser Gott Angst. Er sah sehr streng und unmenschlich aus, als er Adam und Eva aus dem Paradies vertrieb. Ich verstand damals schon nicht, wie eine Schlange der Teufel sein konnte. Überhaupt war mir diese Sache mit dem Teufel unbegreiflich.

Die Teilung des roten Meeres war sehr eindrücklich, weil die „bösen“ Ägypter mitsamt ihren Rössern einfach in diesen riesigen Wogen untergingen. Moses, dargestellt als ein großer Mann mit noch größerem Bart, sah auch furchterregend aus. Die Sintflut beeindruckte mich, weil ich sehen konnte, was mit den Menschen passiert, die nicht an Gott glauben. Ich verstand nicht, was es denn war, das die Menschen „gesündigt“ hatten. Warum waren sie böse? Ich wurde aber beruhigt, weil Gott sich mit uns versöhnte und uns als Zeichen dafür den Regenbogen gab. Also konnte mir so etwas nicht widerfahren. Alles was ich tun musste, war an IHN und seinen Sohn Jesus glauben, dann würde ich ins Paradies kommen. Das war doch leicht.

Die Schule gefiel mir immer weniger. Ich war mittlerweile in der 4. Primarschule und auch mein Lehrer war nicht zufrieden mit mir. Er band meine Zöpfe an der Stuhllehne fest, damit ich mich nicht zu sehr auf mein Heft beugen konnte. Ich schäumte vor Wut und war völlig hilflos.

Ich war definitiv kein „gutes Mädchen", weil ich meine Hausaufgaben meistens nicht erledigt hatte. Der Lehrer strafte mich entweder damit, dass er mich ganz fest in die Wange kniff, oder er schlug mir mit dem Lineal auf meine offene Handfläche. Das waren mit die Gründe, dass ich anfing, die Schule zu schwänzen. Das war ziemlich einfach, weil Mutter mittlerweile arbeitete und mich nicht beaufsichtigen konnte.

II.
Schule und Kinderzeit in Trogen

Darum blieb es nicht aus, dass mich Mutter mit 10 Jahren ins Kinderdorf Pestalozzi schickte. Dieses Kinderdorf in Trogen wurde nach dem 2. Weltkrieg gegründet, um Kriegswaisen aus Europa ein Heim zu geben. Später, als es weniger Kriegswaisen gab, wurden auch Sozialwaisen aufgenommen. Jede Nation hatte ein eigenes Haus mit Hauseltern, die auch Lehrer waren.

Die Kinder besuchten vormittags in ihren Häusern die Schule, welche in ihrer jeweiligen Muttersprache unterrichtet wurde. Am Nachmittag bekamen alle Nationen in der Dorfschule Unterricht in Deutsch. Ab der Stufe Realschule war der Unterricht nur noch in der Dorfschule.

Für mich war dieses „Abschieben" eine Verbannung und wieder ein Zeichen dafür, dass mich Mutter nicht liebte.

Ich zog allerdings auch in Betracht, dass es deswegen geschah, weil mich Gott für meine Sünden strafen musste. Es war nämlich nicht nur, dass ich die Schule schwänzte, sondern auch die Zeit, als ich Mutter Münzen aus dem Geldbeutel stahl, um mir Süßigkeiten zu kaufen. Natürlich konnte es auch deswegen sein, weil ich alle Kinder schlug, die mich meiner Kleider oder meiner ungarischen Herkunft wegen hänselten.

Im Kinderdorf war, wie in jeder anderen Schweizer Schule, der Religionsunterricht obligatorisch. Dieser Unterricht war nicht mit der Sonntagsschule zu vergleichen. Es war vielmehr eine theoretische, als eine wirklich glaubenstechnische Angelegenheit. Gesungen wurde kaum noch und die Bibelverse waren für mich unbedeutend.

Im Kinderdorf kamen mir auch die ersten Zweifel an der Liebe Gottes. Es gefiel mir dort überhaupt nicht. Die Hauseltern waren sehr streng und irgendwie auf Sex programmiert. Sie sahen in jedem Kind potenzielle Sexualtäter. Mädchen und Jungen wurden streng voneinander getrennt. Wir wurden bei einem „Verdacht" als Schweinehunde angeschrieen und bestraft. Ich verstand nicht, warum ich mich von den Buben „fernhalten“ sollte. Schließlich hatte ich zwei Brüder und die waren bestimmt nicht so, dass ich mich hätte fernhalten sollen.

Mittlerweile war mein jüngerer Bruder auch im Kinderdorf, aber da Mädchen und Jungen völlig getrennt waren, sahen wir uns nur zu den Mahlzeiten.

Ich war wie im Gefängnis. Das Kinderdorf war und ist ein kleines Dorf für sich. Auf kleinstem Raum stehen die Häuser der verschiedenen Nationen wie im Kreis. Es gibt ein Gemeinschaftshaus, eine Gemeinschaftsküche, eine kleine Kirche, eine Schule, einen Dorfplatz, eine Sauna und einen Fußballplatz.

Die Kinder der anderen Nationen verbrachten ihre Freizeit an den Gemeinschaftsorten oder besuchten sich in ihren Häusern. Wir Mädchen aus dem Ungarnhaus durften das nicht. Wir durften nicht ins Dorf, sondern mussten vor dem Haus bleiben. Auch durften wir unsere Freunde nicht in unser Haus einladen.

Es war uns auch nicht erlaubt tagsüber auf unseren Zimmern zu sein. Wir durften uns nur in der hausinternen Schule aufhalten.

Außerdem war mein Hausvater über meine Schrift gar nicht erfreut. Er fand meine Schreibweise der Buchstaben R, S, T, Z und der Zahl „2“ gar nicht schön. Also bekam ich als Hausaufgabe, diese Buchstaben und Zahlen schön zu schreiben. Außerdem durfte ich nicht mehr schräg schreiben, wie ich das in Birsfelden gelernt hatte, sondern musste auch noch den geraden Schriftgrad üben.

Anfangs tat ich das noch etwas lustlos, aber mit der Zeit wurde es mir zu blöd, weil er nie zufrieden war. Stattdessen verbrachte ich den Nachmittag in der Toilette damit, meine Schulhefte in kleine Schnitzel zu zerreißen und in die Schüssel zu spülen. Am nächsten Tag sagte ich dem Hausvater, dass ich meine Hefte „verloren“ hätte. Er stellte mein Zimmer und das ganze Haus auf den Kopf, aber meine Hefte blieben „verloren“. Damit hörte für mich das Üben endlich auf. Stattdessen kam das schlechte Gewissen, weil ich gelogen hatte.

Bald war ich auch hier ein „Schlägertyp“. Hier wurde ich nicht wegen meiner Herkunft, sondern wegen meiner hervorstehenden Augen gehänselt. Einige Kinder hänselten mich mit den Worten: „Lasse sie nur fallen. Ich halte meine Hand darunter, damit ich sie auffangen kann, wenn sie herauskullern.“ Das konnte und wollte ich nicht auf mir sitzen lassen.

Ich wollte weg von diesem Ort, aber alle meine Gebete wurden überhört. Gott nahm mich nicht weg und demzufolge konnte er gar nicht gütig sein. Ich litt Höllenqualen, weil ich wegen dieser Kritik an Gott sicher in der Hölle schmoren würde. Das würde bedeuten, dass ich dem Teufel in der Hölle ausgeliefert sein würde und nie wieder Liebe erfahren würde.

Dann kam mir der Gedanke, dass die Hölle vielleicht gar kein großer Unterschied zu meinem Leben im Kinderdorf sein würde, weil mich sowieso keiner liebte. Wenn mein Vater noch gelebt hätte, dann vielleicht er, aber er war ja tot. Es kam mir dann die Idee, dass er ja vielleicht neben Jesus im Paradies saß und seine Hand schützend über mich hielt. Dann wollte ich doch lieber an Gott glauben. Von nun an betete ich eher zu meinem Vater als zu Gott und wollte ein liebes und sanftes Kind sein.

Die Schule war für mich völlig langweilig, unsinnig und unnötig. Was ging mich Geschichte an? Was interessierte mich welcher Feldherr gegen welchen Feldherrn zu Kriege zog? Wozu musste ich die Daten dieser unsinnigen Schlachten und Kriege wissen? Wozu brauchte ich Grammatik? Ich konnte doch sprechen, lesen und schreiben. Mir genügte das. Mathematik und Geometrie? Alles hing mir zum Halse raus und ich schaute lieber zum Fenster hinaus, als dem Unterricht zu folgen. Jeder Lehrer war mein persönlicher Feind und nur dazu da, mich zu quälen. Ich hätte sie gerne alle zum Teufel geschickt.

Ich weiß nicht, wie ich diese Zeit überlebt habe. Ich weiß nur, dass ich unwahrscheinliches Glück hatte, dass ich nie sitzen blieb, obwohl es mir in meinen Zeugnissen immer angedroht wurde. Dort stand immer der Satz: „Wenn sie sich nicht bessert, dann muss sie die Klasse wiederholen.“

Ich hätte diese Zeit sicher nicht überlebt, wenn ich nicht eines Tages die Dorfbibliothek entdeckt hätte. In den Büchern fand ich Geschichten über Schicksale von Kindern, die mir ähnlich waren. Sie waren verlassene Waisen, wie ich. Ich hatte ja auch keine Eltern. Mein Vater war tot und ich war überzeugt, dass ich bei meiner Geburt im Spital vertauscht wurde und auch keine Mutter hatte. Wenn sie nämlich meine richtige Mutter gewesen wäre, hätte sie mich nicht aus Ungarn fortgebracht und auch nicht in dieses schreckliche Kinderdorf weggegeben, sondern mich in „Milch und Honig“ gebadet und beschützt.

Außer Lesen war Musik ein großer Lichtblick in meinem Leben. Ich musste Geigenunterricht nehmen, obwohl ich viel lieber Klavier gelernt hätte. Ich wollte nicht üben, sondern „Musik machen“. Als ich dann irgendwann im Orchester mitspielen durfte, war die Welt wieder einigermaßen in Ordnung.

Unser Musiklehrer war ungarischer Herkunft und ich liebte die Stunden bei ihm, weil er uns nicht nur schöne mehrstimmige Lieder beibrachte, sondern auch Musikstücke von Platten vorspielte. Ein Schlüsselerlebnis war, als ich zum ersten Mal in meinem Leben die Moldau von Friedrich Smetana hörte. Das war Musik, wie ich sie vorher noch nie gehört hatte. Die Musik war der Hintergrund für einen Diavortrag. Wovon der Vortrag handelte weiß ich nicht. Ich weiß nur, dass mich diese herrliche Musik glücklich machte, bewegte und verzauberte.

Ich beschloss, dass das Paradies ein Ort sein musste, wo solche Musik gespielt wurde.

Mir fiel auf, dass niemand in meiner Umgebung „diese Sache“ mit Gott anzweifelte. Alle taten so, als ob es eine Tatsache wäre, als ob jeder schon persönlich mit Gott gesprochen hätte, außer mir.

Ich habe es wirklich versucht, aber etwas in mir war einfach stärker. Ich war rebellisch, aggressiv, rechthaberisch, faul, verlogen und dabei völlig von meiner Schlechtigkeit überzeugt.

Meine Lehrer und Erzieher fanden kein gutes Haar an mir. Die freundlichste Meinung, die ich über mich hörte war; „sie ist intelligent, aber faul“. Ich entwickelte eine Art Selbstschutz, gepaart mit viel Fatalismus. Warum sollte ich mich für etwas anstrengen, an dem mir nichts lag? Alle Erwachsenen waren blöd und so wie „Die“, wollte ich später sicher nicht werden. Kleine Kinder waren da schon anders.

Also verlegte ich meine ganze Liebe auf die Kleinen und Schwachen. Ich liebte und beschützte alle, die kleiner und schwächer waren als ich. Gott konnte mir gestohlen bleiben, weil er mir weder half noch mich unterstützte.

Hier im Kinderdorf hatte ich nur einen Wunsch. Ich wollte sterben und bei meinem Vater sein. Dieser Wunsch verstärkte sich, als ich im Welschland war.

Die Schulzeit ging dem Ende zu und ich musste mich für einen Beruf entscheiden. Ich hatte keine Vorstellung, was ich machen sollte. Meine Mutter wollte, dass ich aufs Konservatorium gehe, aber dazu hätte ich Matura gebraucht. Ich wollte aber nie wieder in die Schule gehen und büffeln wollte ich schon gar nicht.

Ich wäre gerne Kindergärtnerin geworden, aber ich konnte nicht zeichnen, also entschloss ich mich Kinderkrankenschwester zu werden. Meine Motivation war, dass ich nichts mit Erwachsenen zu tun haben wollte, aber ich wollte den Kleinen und Schwachen helfen. Diese Lehre konnte man damals erst im Alter von 19 Jahren beginnen, also musste ich mir bis dahin irgendeine Beschäftigung suchen.

Mit 16 Jahren ging ich nach La Chaux-de Fonds zu einer Familie mit zwei Söhnen, wo ich Hausmädchen und Kindermädchen war. Ein Sohn war 18 Jahre alt und der Nachzügler war 4 Jahre alt.

Es war wieder wie damals, als ich in die Schweiz kam. Ich verstand die Sprache nicht und ich war in einer mir völlig fremden Umgebung. Der Haushalt war eine schreckliche Last. Ich musste kochen und putzen. Ich konnte weder das eine noch das andere. Den Fisch kochte ich im Dampfkochtopf zu Brei und anstatt zu putzen klimperte ich lieber auf dem Klavier. Natürlich war die Dame des Hauses nicht sehr zufrieden mit mir.

Ich musste wöchentlich in eine Haushaltschule. Dort versuchte man mir das Kochen und Putzen beizubringen. Ohne allzu großen Erfolg, weil ich auch hier rebellisch war und mich gegen Unsinnigkeiten wie das Bügeln der Bettwäsche wehrte. Warum sollte ich etwas mühsam glatt machen, das innerhalb von Minuten wieder verknittert war? Das alles interessierte mich nicht und Socken stopfen mochte ich auch nicht.

Hingegen liebte ich den kleinen Sohn der Familie und er mich. Diese Tatsache wertete mich wieder etwas auf und meine schlechte Leistung im Haushalt trat dadurch etwas in den Hintergrund.

Hier war ich zwar vom sonntäglichen Kirchgang befreit, weil die Familie nicht religiös war, aber dadurch ging es mir auch nicht besser. Die Familie machte regelmäßig Ausflüge in die Umgebung mit dem Auto. Jedes Mal wenn wir unterwegs waren, wünschte ich mir sehnlichst einen Unfall, damit ich endlich tot war.

III.
Heirat, Kinder, Bücher und Scheidung

Als ich mit 17 Jahren wieder zu meiner Mutter zog, kam ich doch wieder in eine religiöse Gemeinschaft, nämlich in eine christliche Jugendgruppe. Ich überlegte mir die Sache mit Gott wieder neu. Die Jugendgruppe gefiel mir gut, hauptsächlich deswegen, weil dort sehr viel gesungen wurde. Ich ließ mich wieder von dem Enthusiasmus der Jugendlichen mitreißen. Eher langweilig fand ich Geschichten, die aufzeigten, wie Gott im täglichen Leben anwesend war. Eine junge Frau erzählte, wie ihr Gott in einer fremden Stadt den Weg zur Kirche zeigte. Das erschien mir doch sehr aus der Luft gegriffen, weil Gott zu mir immer noch nicht gesprochen hatte.

Ich konnte dem Leben nichts abgewinnen. Ich arbeitete in einem Kinderhort und obwohl mich die Kinder mochten, fehlte mir etwas. Als ich allein daheim war, schluckte ich die Schlaftabletten meiner Mutter, aber leider wachte ich wieder auf.

Ich war immer noch hier und hatte keinen Rettungsanker gefunden.

Überhaupt schwankte ich dauernd in meinem Glauben. Einerseits wollte ich natürlich zu den Auserwählten gehören, die das Reich Gottes erleben dürfen, andererseits konnte ich die Bedingungen dafür nicht erfüllen. Dass ich schlecht war, war die einzige Wahrheit für mich.

Mit 18 Jahren ging ich für ein Jahr nach England. Wieder war ich an einem Ort, wo ich die Sprache nicht verstand, aber diesmal war es nicht so schlimm wie im Welschland.

Ich kam in eine Familie mit 4 Kindern. Hier war ich ein richtiges Familienmitglied mit Mitspracherecht und mehr wie die große Schwester der Kinder. Die Dame des Hauses war viel unterwegs und unheimlich froh, dass ich ihr die Arbeit im Haus abnahm.

Die Ansprüche, die man an mich stellte waren für mich neu. Ich durfte alles, musste aber nichts.

Es war ein schönes Haus in einer Privatstraße. Im Erdgeschoss gab es ein großes Wohnzimmer, ein Esszimmer und ein Spielzimmer mit Klavier. Außerdem die Küche und natürlich eine Speisekammer. Was mir enorm gut gefiel war der Geschirrspüler. Abwaschen war für mich immer eine grässliche Angelegenheit, aber hier fiel es weg.

Im 1. Stock waren das Bad und die Schlafräume der 4 Kinder und der Eltern. Ich hatte ein wunderschönes Zimmer mit blauen Vorhängen und Blick auf den Garten. Die Schränke waren alle in die Wand eingebaut und begehbar. Die Arbeit im Haushalt konnte ich mir einteilen und nach meinem Gutdünken erledigen. Die Bettwäsche wurde außer Haus gegeben und Socken flicken musste ich auch nicht, weil mir das die Großmutter abnahm.

Die Kinder gingen um 9 Uhr in die Schule und kamen erst um 5 Uhr wieder zum „Tea Time“ zurück. Zwar ging die Familie jeden Sonntag zur Kirche, aber das war keine Last, sondern ein gesellschaftliches Ereignis. Es schien mir, dass der Sonntag nur dafür war, damit die Damen ihre Hüte vorführen konnten.

Die Kinder waren eine Freude. Wir machten Velotouren, spielten im Garten oder ich las ihnen Geschichten vor. Das Leben war locker und leicht.

Jeden Mittwoch hatte ich meinen freien Tag, den ich verbringen konnte, wie ich wollte. An diesen Tagen brachte mir meine Landlady das Frühstück ans Bett. Das wäre mir im Welschland nicht passiert. Ich freundete mich mit dem Kindermädchen der Nachbarsfamilie an und wir verbrachten die Zeit mit kleinen Ausflügen oder gingen ins Kino.

Im Oktober 1996 fing ich meine Lehre als Kinderkrankenschwester im Kinderspital Basel an. Ich musste „intern“ in einem Haus mit anderen Mädchen wohnen. Zu jener Zeit wurde die Lehre neu strukturiert. Wir lernten zuerst einige Wochen in der Schule die Theorie, dann durften wir das gelernte im Spital in der Praxis üben.

Die Schule war für mich ein Muss und ich war gar keine fleißige Schülerin. Die praktische Arbeit gefiel mir schon besser. Ich hatte ein Namensschild auf dem „Schwester" stand und ich fühlte mich als Mutter Theresa. Ich war gerne bei den kranken Kindern, die allesamt Trost und Liebe brauchten. Damals waren die Besuchszeiten der Eltern noch streng reglementiert und auf einige wenige Stunden beschränkt. Die Kinder weinten sehr viel und ich opferte meine Freizeit, um sie zu trösten und in den Schlaf zu singen.

Das Leiden der Kinder belastete mich und die Lehre gefiel mir nicht. Ich haderte mit meinem Schicksal und verstand nicht, warum Gott bei diesen Kindern solche Schmerzen zulassen konnte.

Eines der Kinder wurde mit Brechdurchfall eingeliefert. Leider zu spät, weil sein Gehirn durch den Flüssigkeitsverlust schon geschädigt war. Ich konnte zusehen, wie sich der Gesichtsausdruck veränderte und debil wurde.

Ein Mädchen hatte Leukämie und war bis auf die Knochen abgemagert und so schwach, dass sie nicht alleine gehen konnte.

Ein anderes Kind hatte keine Augen mehr und mir wurde schlecht, als ich die tiefen Höhlen sah wo die Augen hätten sein sollen.

Warum musste ich solche Sachen erleben? Die Welt war kein schöner Ort und überall sah ich nur Leid und Schmerzen. Ich war in einem Vakuum. Ich konnte mit niemandem darüber sprechen. Meine Mitschülerinnen hatten keine Probleme damit und Mutter war keine Hilfe, weil sie mir ja von dieser Lehre abgeraten hatte.

Es kam, wie es kommen musste. Nach einem Jahr musste ich meine Lehre wegen eines Nervenzusammenbruchs abbrechen. Ich wollte aus dem Leben scheiden und fand bei der Mutter meines Freundes irgendwelche Medikamente gegen Schilddrüsenüberfunktion. Ich schluckte alle vorhandenen Tabletten. Das Resultat war, dass ich fürchterlich krank wurde und sich kein Mensch vorstellen konnte, was mir fehlte. Ich war aber immer noch nicht tot.

Ich verließ das Spital und zog in ein Zimmer. Ich war auf mich gestellt und hatte keine Ahnung, wie ich mein Leben einrichten sollte. Ich hätte gerne etwas gelernt, konnte mich aber schlecht konzentrieren und der Arzt meinte, ich sollte eine Erholungskur machen. Das ging natürlich nicht, weil ich meinen Lebensunterhalt verdienen musste. Ich fand Beschäftigung bei temporären Arbeitseinsätzen. Weil ich französisch und englisch sprach, hatte ich nie Schwierigkeiten, einen Bürojob zu bekommen.

Es fehlte mir aber etwas. Ich war innerlich leer, ausgelaugt und natürlich schlecht und nutzlos, weil ich nicht einmal fähig war, eine Lehre zu absolvieren. Ich sehnte mich nach Liebe und Geborgenheit und hätte gerne eigene Kinder gehabt.

Der geeignete Kandidat war schon vorhanden. Er war italienischer Abstammung und hatte noch 5 Geschwister. Diese Familie war mit keiner anderen Familie zu vergleichen. Es wurde laut geschrieen, meistens auf Italienisch, es wurde gekocht und gespielt. Es war immer wie auf einem Jahrmarkt. Anfänglich hatte ich das Gefühl, dass sie stritten, aber mit der Zeit lernte ich italienisch und stellte fest, dass man in einer solch großen Familie einfach schreien muss, damit man gehört wird.

Wenn der arme Mann gewusst hätte, was auf ihn zukommt, hätte er mich nie geheiratet.

Ich erwartete von meinem Mann, dass wenigstens er mich schätzte und liebte, obwohl ich doch so schlecht war. Alle Zeichen sprachen dagegen, weil auch er nicht zufrieden war mit mir.

Im März 1972 kam unser erster Sohn zur Welt. Was für ein Erlebnis. Ich bestaunte dieses kleine Etwas und konnte mich nicht satt sehen an diesem Wunder von Baby. Es war perfekt und eine Miniaturausgabe von mir. Ich war verzaubert und glücklich. Es war das schönste Baby auf der Welt. Als im Juni im Jahr darauf unser zweiter Sohn zur Welt kam, durfte ich dieses Wunder wieder neu erleben.

Obwohl ich in der Theorie wusste, wie man einen Haushalt führt, war ich doch nicht in der Lage, unsere Wohnung in Ordnung zu halten. Der Abwasch war mir ein Gräuel und meine Küche sah immer entsprechend chaotisch und unordentlich aus. Ich war mit den Kindern beschäftigt und alles andere war mir egal. Dadurch gab es immer wieder Konflikte mit meinem Mann.

Ich verstand, dass er mich nicht lieben konnte, obwohl er das Gegenteil behauptete. Ich wäre gerne lieb, sanft, brav und hübsch gewesen, aber ich brachte es einfach nicht fertig. Warum konnte ich nicht „normal" sein und meinen Willen einsetzen? Ich musste mir dauernd anhören, dass ich keinen Willen habe. Ja, nicht nur das. Ich war willenlos und fühlte mich auch noch dick, hässlich und unfähig den Haushalt zu führen.

Gott und Kirche waren immer wieder ein Thema. Wir waren keine Kirchgänger, aber in meinem Hinterkopf hatte ich immer diese Idee, dass Gott meine Taten beobachtet und mich bewertet. Wir bekamen Besuch von den Mormonen und den Zeugen Jehovas. Sie wollten uns überzeugen, ihrer Kirche beizutreten. Mein Mann war diesen Dingen gegenüber sehr kritisch und wir traten nicht bei. Ich hätte gerne eine abschließende Meinung zu diesem Thema gehabt, aber ich fand keine.

Meine damalige Schwiegermutter war Mitglied in einem Bücherclub und so bekam ich regelmäßig „meine Droge" und war durch das Lesen für kurze Zeit wieder von Gott abgelenkt.

Ich war völlig zerrissen und mein einziger Trost waren die Bücher. Die Heldinnen in diesen Büchern meisterten alle Schwierigkeiten des Lebens, um der großen Liebe wegen. Ich hoffte, dass ich das auch einmal tun würde und dabei den Mann finden würde, der mich ebenso liebte, wie die Heldinnen in den Büchern geliebt wurden.

Nach 10 Jahren Ehe war ich wieder an einem Nullpunkt angelangt. Es war alles sinnlos und schlimmer als je zuvor. Ich hatte sogar das Gefühl, dass ich nicht mehr sprechen konnte, weil ich nur noch von Dingen sprach wie: „Hast du deine Hausaufgaben erledigt?" oder „Hast du deine Zähne geputzt?"

Ich fand mich völlig nutzlos und fühlte mich unterdrückt. Ich wollte selbstständig mein Geld verdienen und aus dem Haus gehen. Ich fing an „Frauenliteratur“ zu vertilgen. Es war schon eine Schande, wie wir Frauen unterdrückt wurden. Also kompensierte ich meinen Frust damit, dass ich den Männern die Schuld an meiner und der Misere der Welt gab.

Nach einiger Zeit war ich „Expertin“ in der Schuldzuweisung. Ich wusste, dass der Mann wegen seinem Y-Chromosom ein biologischer Irrtum ist und verkündete es lauthals. Die Männer hatten Schuld an der Verschmutzung der Erde und gefühllos waren sie auch. Jetzt war fast jeder Mann mein persönlicher Feind. Ich ließ kein gutes Haar an ihnen. Ich hatte meine eigenen schlechten Erfahrungen mit Männern, die jetzt mehr an Bedeutung gewannen.

Ich wurde mehrmals fast vergewaltigt und das war der Grund, dass ich mich nach Eindunkelung nicht mehr allein aus dem Haus getraute. Ich hatte mich freiwillig ins Gefängnis begeben, aber glücklich war ich dabei nicht.

Ich wollte emanzipiert sein und etwas lernen. Ich setzte mich durch und belegte einen Handelskurs. Ich lernte neue Leute kennen und fühlte mich ganz toll, weil mich in der Schule niemand kritisierte. Die Lehrerin fand meinen Wortschatz hervorragend und meine neuen Freunde fanden mich sehr gebildet. Vorübergehend ging es mir besser, aber es war nur von kurzer Dauer.

Meine Ehe endete nach 14 Jahren in Scheidung und damit hatte ich meine Nutzlosigkeit und Unzulänglichkeit wieder einmal unter Beweis gestellt.

Ich hatte jetzt zwar eine Teilzeitstelle und durfte täglich arbeiten, aber ich stellte fest, dass mich das nicht unbedingt glücklicher und zufriedener machte.

Ich verlegte mich darauf, mich zu ändern. Nur, wie sollte ich das anfangen? Ich fing an psychologische Bücher zu lesen. Das erste dieser Art war „Die Kunst des Liebens“ von Erich Fromm. Ich wollte lieben und geliebt werden und suchte nach einer „Gebrauchsanweisung", die mich zu einem liebenswerten Menschen machen würde.

Das nächste Buch von Fromm, „Anatomie der menschlichen Destruktivität", brachte mich meinem Ziel auch nicht näher. Es erschütterte mich aber sehr, weil ich in den Beschreibungen der diversen Charaktere Ähnlichkeiten zu meinem Charakter suchte und natürlich auch fand.

War ich etwa nekrophil oder narzisstisch? War ich mehr wie Hitler oder war ich mehr wie Stalin, oder war ich wie beide zusammen? Ich konnte mich nicht entscheiden, aber ich glaubte, dass ich sehr schlecht war.

In meiner Brust wohnten eindeutig zwei Seelen. Also war ich vielleicht schizophren? Ich hatte schreckliche Angst, dass ich in einem Irrenhaus enden würde. Ich machte mir Mut mit dem Spontispruch: „Ich liebe die Schizophrenie, dann bin ich immer zur Stelle, wenn ich mich brauche."

Wozu war dieses Leben überhaupt gut? Wo war der Sinn? Ich war 36 Jahre alt, hatte 2 Kinder, war geschieden und wurde von niemandem geliebt. Das konnte doch nicht alles sein. Ich verlegte mich auf Astrologie. Die Sterne lügen nicht heißt es und vielleicht war dort etwas zu finden.

Ich las alles, was es über den Skorpion zu lesen gab. Das war ein kleiner Lichtblick, weil ich schwarz auf weiß las, dass ich rechthaberisch (negativ), furchtlos (positiv), eigenwillig (negativ), rachedurstig (negativ) usw. sei. Allerdings sollte ich auch eine große Anziehung auf das andere Geschlecht ausüben. Davon konnte keine Rede sein, weil ich dick und hässlich war und Sex nicht ausstehen konnte. Ich litt damals seit 10 Jahren an Bulimie und hatte ein stark gestörtes Verhältnis zu meinem Körper. Ich schwankte zwischen Magersucht und Fettsucht.

Außerdem hatte ich seit meinem 25. Lebensjahr regelmäßig Migräne, Blasenentzündung und Unterleibsbeschwerden. Ich hatte Gebärmutter- und Eierstockentzündungen. Die „ehelichen Pflichten" wurden für beide Seiten zur Qual. Wenn ich wieder wegen unerträglicher

Bauchschmerzen zum Frauenarzt ging, lautete die Diagnose immer: „Körperlich sind sie gesund."

Also schloss ich mich wieder einer religiösen Gemeinschaft an. Wenn mir dieses Leben schon nichts bieten konnte, dann würde ich vielleicht nach meinem Tod im Paradies bei meinem Vater sein. Also glaubte ich ganz fest an Gottes Güte und daran, dass er mein Leben schön machen würde. Ich wurde sogar vom Pfarrer exorziert, weil ich mich ja mit „teuflischen" Sachen wie Astrologie auseinandergesetzt hatte. Ich ging jeden Mittwoch in die Bibelstunde und jeden Sonntag - bei Sonne und Regen - in die Kirche und verbrachte den Rest des Tages mit diesen netten und lieben Menschen. Ich versuchte auch nicht mehr zu fressen und zu kotzen, aber es gelang mir nicht.

Es war ein Teufelskreis. Meine Gedanken kreisten in irgendeiner Form immer ums Essen. Auf dem Heimweg nahm ich mir vor, dieses und jenes nicht zu essen. Sobald ich jedoch daheim war, stopfte ich genau diese Dinge in mich hinein, um sie anschließend wieder zu erbrechen.

Es dauerte nicht lange und ich bekam wieder Zweifel. Ich hatte mich überhaupt nicht verändert und meine Schwierigkeiten, den Alltag zu meistern, waren immer noch nicht aus dem Weg geräumt.

Ich hatte noch immer Bulimie. Ich fraß und kotzte, was das Zeug hielt. Gott hatte mir nicht geholfen. Meine Zähne waren am Verfaulen, meine Nieren schmerzten und ich hatte das Gefühl, dass ich ein körperliches Wrack war. Ich musste etwas ändern. Vor allem musste ich diese Bulimie loswerden.

Also ging ich zu einer Psychologin, von der ich mir Hilfe erhoffte. Dadurch fiel ich beim Pfarrer, der mich exorziert hatte in Ungnade, weil seiner Meinung nach allein Gott für die Seele zuständig war und nicht der Mensch.

Das war das letzte Mal, dass ich in einer christlichen Gemeinschaft war. Keiner dieser netten und lieben Menschen fragte je danach, warum ich der Gemeinschaft fern blieb. Es schien, als ob ich für sie nie existiert hätte. Und wieder hatte ich den Beweis, dass mich niemand liebte!

Mit 37 Jahren hatte ich mich endgültig entschieden, dass es diesen Gott der Bibel nicht geben konnte. Ich konnte und wollte keine Autorität anerkennen, die einerseits alle Macht auf seiner Seite hatte und ich nur meine Sünden, meine Schlechtigkeit und meine Hilflosigkeit.

Ich kündigte und trat aus der Kirche aus. Wenn ich schon den Zweck dieses Glaubens nicht einsah, dann wollte ich diese Sache auch nicht mit meiner Kirchensteuer unterstützen. Dadurch änderte sich leider auch nichts. Im Gegenteil! Es wurde eigentlich immer schlimmer. Ich konnte mit diesem sinnlosen Leben nichts anfangen. Wozu war dieses Leben überhaupt gut?

Wir verpesten die Luft, das Wasser und die Erde und bringen uns gegenseitig um. Bald würden wir die Erde in die Luft jagen und alle elend zugrunde gehen. Wie konnte ich mich nur ändern und wozu? Ich hatte doch nur das, was mir bei der Geburt in die Wiege gelegt wurde und das war sehr wenig.

IV. Psychiatrie, Reinkarnation und Heilung

Ich war musikalisch und sprachbegabt, aber damit konnte niemand etwas anfangen. Ich war weder besonders hübsch noch besonders intelligent und hatte keine hervorstechenden Merkmale. Außer vielleicht, dass ich mich innerlich sehr klein und hässlich fühlte. Ich hatte keine Heimat, niemand liebte mich. Meine Kinder und der Haushalt waren eine Last. Ich überlegte eigentlich nur noch, wie ich mich am einfachsten umbringen könnte. Ich fiel in eine tiefe Depression, die nur noch stationär in der Psychiatrie behandelt werden konnte.

Das war das Beste, was mir damals passieren konnte. Ich wurde in die offene Psychiatrie eingewiesen und befand mich plötzlich unter lauter Neurotikern. Der Tagesablauf war einigermaßen vorgegeben. Man musste an der täglichen Therapiesitzung teilnehmen, die mich anfänglich stark ängstigte. Man „musste" vor den anderen Patienten über seine Probleme sprechen.

An den ersten Sitzungen war ich immer dem Sterben nahe, weil ich immer dachte, ich könnte das nie. Ich bewunderte hingegen jene Frauen und Männer, die das konnten. Ich musste auch tatsächlich erst von mir erzählen, als ich bereit und gewillt war. Die Sitzungsleiterin war sehr einfühlsam und verlangte nie etwas, das man nicht tun wollte. Dann gab es noch diverse andere Therapien, wie Ergotherapie und Einzelsitzungen. Den Rest der Zeit konnte ich einteilen, wie ich wollte. Ich konnte malen, spazieren gehen oder lesen.

Ich war erstaunt zu sehen, dass es Leute gab, denen es viel schlechter ging als mir. Da war mein „Spiegelbild". Eine junge Frau, die an Magersucht litt und bis auf die Knochen abgemagert war. Ich stürzte mich auf sie und für einige Zeit war ich damit beschäftigt, sie dazu zu bringen, das zu essen, was ich nicht mehr erbrechen wollte. Frei nach dem Motto: „Wenn du es fertig bringst, etwas zu essen, dann müsste ich es fertig bringen, das nicht zu kotzen, was ich in mich gestopft habe."

Es funktionierte nicht. Sie aß nicht und ich fraß und kotzte. Meine Therapeutin sagte, ich solle nichts schlucken, was mir nicht passen würde, dann würde ich es auch nicht mehr erbrechen müssen. Leicht gesagt, da ich gar nicht wusste, was mir nicht passte.

Ich suchte immer noch nach der einfachsten Art, aus dem Leben zu scheiden. Ich sah keinen Sinn in diesem täglichen Kampf gegen das Übergewicht, das zwangsläufig eintreten würde, wenn ich die Unmengen an Nahrungsmitteln, die ich in mich stopfte, nicht mehr erbrechen würde. Meine Söhne kamen ohne mich klar und sie hatten ja schließlich auch noch einen Vater.

Ich fühlte mich von allen Leuten im Stich gelassen und vermissen würde mich auch niemand. Ich war nur unnötiger Ballast auf dieser Erde. Ich besaß damals ein Auto und so beschloss ich, mit Hilfe eines Schlauches die Abgase ins Innere des Wagens zu leiten und so aus dem Leben zu scheiden. Gleich nach meiner Entlassung aus der Klinik wollte ich das tun.

Da fiel mir das Buch von Thorwald Dethlefsen „Schicksal als Chance“ in die Hände. Darin wurde die Theorie vertreten, dass es eine Reinkarnation, also Wiedergeburt, gibt. Im Klartext hieß das für mich; wenn ich mich jetzt umbringen würde, würde ich in meinem nächsten Leben wieder an der genau gleichen Stelle sein und müsste alles nochmals durchleben.

Das wollte ich ganz sicher nicht. Was hatte mir der Glaube an Gott gebracht? Angst vor der Hölle und die Gewissheit, dass ich völlig unzulänglich war. Was würde mir passieren, wenn ich an die Reinkarnation glauben würde? Nichts!

Im Gegenteil. Die Reinkarnation versprach mir Besserung, weil mir nichts passieren konnte, was mir nicht passieren musste. Gemäß dieser Theorie kam jeder, also auch ich, freiwillig in dieses Leben, weil wir uns weiterentwickeln wollten.

Plötzlich schien ich den „Schlüssel“ zu haben, nach dem ich immer gesucht hatte. Alles was ich bis jetzt gelesen hatte, machte einen Sinn.

Ich musste mich gar nicht ändern, sondern mich akzeptieren. Wie akzeptiert man sich?

Zuerst schaute ich meine so genannten schlechten Eigenschaften an. Rechthaberisch, eigenwillig, rachedurstig.

Warum wollte ich immer Recht haben? Weil ich von meiner Schlechtigkeit überzeugt war und eine große Angst davor hatte, Fehler einzugestehen und deswegen von anderen abgelehnt zu werden.

Eigenwillig, was bedeutet das? Dass ich die Dinge nach meinem eigenen Willen erledigen möchte. Ja, warum auch nicht? Möchte das nicht jeder?

Rachedurstig? Ich fühlte mich ungeliebt und sann nach Mitteln und Wegen alle diejenigen zu bestrafen, die mich nicht liebten. Endlich ging mir ein Licht auf.

Alles was ich wirklich wollte war, ein akzeptiertes Mitglied der Menschen zu werden!

Jesus soll gesagt haben: „Liebe deinen Nächsten, wie dich selbst." Aber was heißt das? Es heißt, schlicht und einfach, dass man zuerst sich selber lieben muss, damit man das bei anderen auch kann. Das hat gar nichts mit Egoismus zu tun. Das heißt nur, dass jeder Mensch bestimmte Eigenschaften hat. Diese „negativen" Eigenschaften soll ich aber nicht verstecken, sondern annehmen. Wenn ich das bei mir kann, dann bringe ich jedem Menschen Verständnis anstatt Ablehnung entgegen.

Jetzt kam der große Durchbruch in meinem Leben. Wenn ich mich akzeptieren konnte so wie ich war, dann hieß das nicht nur, mich zu lieben, sondern meine Mitmenschen auch. Wir sind doch alle miteinander verwandt und vom gleichen Schlag. Wir haben alle den gleichen Ursprung, unabhängig von der Hautfarbe.

Ich war sehr böse auf meinen geschiedenen Mann, weil es meiner Meinung nach noch „offene Rechnungen" gab. In einer Familienaufstellung lernte ich, dass ich die Rechnungen schon längst beglichen hatte, ohne dass es mir bewusst war. Aber durch meine Ablehnung nahm ich den Söhnen ihren Vater weg, weil sie meine Gefühle übernahmen. Ich versöhnte mich innerlich mit meinem Mann und das hatte eine unwahrscheinliche Wirkung auf alle Beteiligten. Die Söhne „bekamen" plötzlich einen Vater, den sie respektieren konnten und ich durfte eine völlig neue und freundschaftliche Beziehung zu ihm aufbauen.

Mit sich selber Geduld haben bringt eine große Ruhe mit sich, weil man diese Geduld jedem Menschen entgegenbringen kann. Ich muss dann nicht mehr über andere Menschen schimpfen, weil ich weiß, dass sie manchmal ungewollt Fehler machen, genau wie ich. Es braucht nur ein wenig Übung.

Ich fühlte mich ein Leben lang hässlich, aber das bin ich nicht wirklich. Schönheit kennt keine Regeln und ist auch schwer definierbar, auch wenn uns das die Modeindustrie suggerieren will.

Du kannst es leicht testen. Schaue dir deine Freunde und Familie an. Was ist das wirklich Schöne und Liebenswerte an ihnen? Nicht ihr Aussehen, sondern ihre Seele und ihr Geist. Was nützt mir ein schönes Gesicht und eine gute Figur, wenn meine Seele nicht beteiligt ist und ich keine Freude empfinden kann? Was liebe ich an meinen Freunden? Das Gefühl, meine Gedanken - und seien sie noch so weltfremd - mit ihnen auszutauschen und trotzdem von ihnen geliebt zu werden. Diese Dinge haben gar nichts mit der äußeren Erscheinung zu tun.

Von jetzt an konnte ich gelöster auf mein Leben schauen. Mir wurde klar, dass jeder Mensch einzigartig ist, obwohl wir uns so ähnlich sind. Natürlich kamen tausend neue Fragen zu dieser Erkenntnis. Warum, so fragte ich mich, zerstören wir unsere Umwelt und bekämpfen uns gegenseitig, wenn wir doch alle nur eins wollen, nämlich geliebt werden.

Es liegt an der Energie des Glaubens!

V.
Glauben ist stärker als Wissen

Seit Jahrhunderten werden wir auf allen Erdteilen von Missionaren bearbeitet. Die einen predigen das Christentum, die anderen das Judentum, andere den Islam oder Hinduismus. Was haben alle diese Religionen gemeinsam? Richtig, es beruht nicht auf Tatsachen, sondern auf Glauben. Zwar berufen sich alle auf ihre heiligen Schriften und Gesetze, die von Gott oder einem Propheten geschrieben wurden und denen man glauben und Folge leisten soll. Aber, was ist Glauben?

Erich Fromm nennt den Glauben eine Mischung aus Wissen und Hoffen, was ich nach reiflicher Überlegung auch so sehe. Das machen eigentlich alle Menschen so, aber sie merken es nicht. Wir glauben vieles, ohne es zu merken.

Allerdings sehe ich, dass „das Wissen“ in der Religion ignoriert wird. **In der Kirche tut man immer noch so, als ob die Erde eine Scheibe wäre, die Sonne sich um die Erde drehen würde und wir das Zentrum des Universums wären.**

Es lebe die Unvernunft! Galileo Galilei hat es nie gegeben!

Alle Menschen glauben, aber vielen ist nicht klar, was das für eine gewaltige Energie ist. Ich glaube zum Beispiel, dass wir ein Leben nach dem Tod haben werden. Warum? Weil ich weiß, dass Energie nicht vernichtet, sondern nur umgewandelt wird. Darum hoffe ich, dass meine geistige Energie auch dann bestehen bleibt, wenn mein Körper nicht mehr ist.

Allerdings würde es für mich keine Rolle mehr spielen, falls ich mich in Nichts auflösen würde, weil ich es ja nicht mehr spüren würde.

Glauben ist viel stärker als Wissen. Das kannst du leicht überprüfen. Wenn du dich vor etwas fürchtest, dann ist dein Glaube so stark, dass dich keine Vernunft davon abbringen kann.

Erst kürzlich hatte ich eines Nachts das „Gefühl“, dass jemand in meine Wohnung gekommen sei. Ich verfiel für eine kurze Zeit in meine Kindheitsängste und „glaubte“, dass der „böse schwarze Mann“ unter meinem Bett sei. Ich hatte starkes Herzklopfen und war wie gelähmt. Mein Atem stockte und ich wäre für kein Königreich der Welt aus dem Bett gestiegen. Dann riss ich mich zusammen und leuchtete mit der Nachttischlampe unter das Bett. Natürlich war dort kein böser Mann, aber für eine kurze Zeit war er es doch, weil ich es glaubte. Meine Angst war ganz und gar real.

Es gibt unendlich viele Theorien über unsere Herkunft und Entwicklung, die alle auf Glauben beruhen, weil sie nicht schlüssig beantwortet werden können.

Ist unsere Erde durch einen Urknall entstanden, oder wurden die Erde und die Menschen von Gott erschaffen, oder wurden wir von Wesen von einem anderen Planeten „importiert“ oder haben wir uns aus einem Einzeller aus dem Meer entwickelt?

Welcher Theorie du immer den Vorzug gibst, spielt eigentlich keine Rolle. Weder Gott, noch jemand von einem anderen Planeten hat uns einen Beweis seiner Existenz gebracht, noch haben wir in unserer näheren Umgebung irgendwo im Weltall Leben gefunden. Sicher ist nur, dass Mensch und Natur aus „einem Stoff“ gemacht sind und miteinander „verwandt“ sind.

Wir sind, was unser Herkunft anbelangt, wie vor Tausenden von Jahren, immer noch auf den Glauben angewiesen.

Uriella, die Leiterin von Fiat Lux glaubt, dass Jesus „seine Auserwählten“ am Ende der Welt mit einem Raumschiff abholen wird. Sie glaubt auch, dass Hitler in Ketten gelegt auf dem Mond seine Strafe absitzt.

Andere Menschen glauben an Feen und Kobolde und können sie sogar sehen. Findest du das lächerlich?

Dann überprüfe doch deine eigenen Glaubensmaximen und Ängste. Dein Glaube kann deine Realität verändern und beeinflussen. Ohne, dass es dir bewusst ist spielen Energien in deinem Leben eine große Rolle.

VI.
Die Existenz Gottes kann nicht bewiesen werden

Wie würdest du vorgehen, wenn du eine neue Religion gründen würdest? Du müsstest natürlich unumstößliche Tatsachen schaffen, die weder beweisbar noch widerlegbar sind. Wie zum Beispiel eine Vision, in welcher dir Gott erschienen ist und zu dir gesprochen hat. Aber wie überzeugst du deine Umgebung?

Richtig, du machst es mit Angst. Wie wir im vorherigen Kapitel gesehen haben, ist Angst ein ganz starker Glaube. Dann müsstest du nur noch einige Eckpfeiler wie Strafe und Belohnung hinstellen und schon hättest du das Rezept, um fast alle endgültig zu überzeugen. Dann müsstest du irgendwie noch dafür sorgen, dass keiner deine Theorie hinterfragt, indem du sagst, dass man weder etwas hinzufügen noch wegnehmen darf. Schon hast du die Grundsätze des christlichen Glaubens.

Was spricht für Gott?

- Nur die Bibel. Die einzige Quelle für uns Menschen ist das „heilige Buch der Bücher", das wahrscheinlich in jede gesprochene Sprache übersetzt wurde. Es wurde angeblich von Menschen geschrieben, die alle vom Heiligen Geist beseelt waren. Wir sind angehalten die dort aufgeschriebenen Richtlinien zu befolgen. Wenn wir das nicht tun, bekommen wir dort auch gleich gesagt, welche Strafen uns erwarten.
- Den Verfassern war offensichtlich bekannt, dass wir uns von Worten beeinflussen lassen und wir ein gutes Vorstellungsvermögen haben. Wer kann sich nicht vorstellen, wie schrecklich das Fegefeuer wäre, oder wie schön es wäre, wenn wir das Paradies auf Erden hätten?
- Die Tatsache, dass wir wissen wollen wer uns erschaffen hat und woher wir kommen. Auf diese Fragen gibt uns die Bibel eine ganz einfache Antwort.

Was spricht gegen Gott?

- Die Bibel. Dieses Buch wurde zu einer Zeit geschrieben, als die meisten Menschen Analphabeten waren. Die ersten Evangelien aus dem Neuen Testament wurden ca. 30 Jahre nach dem Tod von Jesus aufgeschrieben.
- Die Bibel ist eine Mischung der jüdischen Geschichte und deren Gesetzen und Vorschriften. Das Alte Testament ist der geschichtliche Teil des „auserwählten Volkes".
- Neue Erkenntnisse zeigen aber, dass da einiges erfunden und ziemlich dick aufgetragen wurde.
- Das Neue Testament ist die willkürliche Auswahl einiger Schriften, der Evangelien, deren Verfasser mehrheitlich unbekannt sind. Die Christen meinen heute immer noch, die Jünger hätten diese Schriften verfasst.
- Es gibt nur den Jünger Thomas, der etwas aufgeschrieben hat. Dieses Thomas Evangelium wurde aber nicht in die Bibel aufgenommen.
- Der eigentliche Gründer des christlichen Glaubens ist der Apostel Paulus, der vom Heiden zum Christen bekehrt wurde.
- Jesus war Jude und Außenseiter und hat nie von sich behauptet, dass er der Messias sei. Erst nach seinem Tod und durch die Briefe des Apostels Paulus wurde er zu Jesus Christus dem Erlöser.
- Jesus erwartete das Reich Gottes zu seinen Lebzeiten und jeder Christ erwartet „das Reich Gottes" während seines eigenen Lebens.

Warum ist es aber so wichtig, dass wir diesen Glauben annehmen? Einerseits könnte die Motivation sein, dass es uns hilft, dieses Leben besser zu bewältigen.

Es könnte aber auch sein, dass diese Bekehrung jemandem einen Vorteil bringt. Wir würden eine Idee vertreten und jemandem sogar einen Teil unseres Lohnes abtreten. Damit könnte man dieses Werk weiter ausbauen.

Genau das ist mit der Bibel gemacht worden. Dieses Buch war – bis es Luther übersetzte – nur auf Lateinisch geschrieben. Einer Sprache, die damals wie heute, nur wenige verstanden. Dem Volk wurde es von den Pfarrern und Priestern interpretiert. Das Motto hieß „arbeite und bete“. Die breite Masse tat das auch. Sie arbeitete und schuftete, um den Kirchenfürsten ein Leben in Luxus zu ermöglichen. Die Kirche wurde dabei reich.

Es wurden Gebäude zum Ruhme Gottes gebaut. Wirklich nur zum Ruhme Gottes? War der Bau dieser Kathedralen und Dome nicht auch zum Ruhme der Kirchenfürsten? Diese Gebäude kosteten enorme Summen und die mussten natürlich von irgendwoher kommen.

Von den Abgaben der breiten Bevölkerung. Die mussten in dieser Welt ja nicht reich werden, weil auf sie der Reichtum im Himmelreich Gottes wartete.

Brauchst du auch ab und zu das Wort Aberglauben? Ich finde dieses Wort wirklich lustig, weil es oft im Zusammenhang mit Irrlehre resp. dann gebraucht wird, wenn man die biblischen Ideen verteidigt.

Glaube ist immer etwas Subjektives, etwas das nur mir gehört und meine eigene Realität ist. Ob ich die Anwesenheit Gottes spüre oder nicht, kann nur ich sagen.

Warum ist also der christliche Glaube kein Aberglaube? Was ist daran anders, als der Glaube an Hexen oder Feen?

Der Unterschied liegt darin, dass uns etwas Großes in Aussicht gestellt wird, das wir erst nach unserem Tod bekommen. Wir müssen jedoch hier und jetzt unsere Lebensweise umkrempeln und bestimmte Richtlinien befolgen.

Zuerst werden wir klein gemacht, indem man uns als Sünder bezeichnet. Dann kommt als kleiner Trost die Verheißung, dass wir durch den Glauben an Gott erlöst werden.

Siehst du das Strickmuster? Zuckerbrot und Peitsche.

Natürlich muss auch „etwas Gutes“ in einem solchen Buch stehen, sonst riechen die Menschen das Komplott. Also wurden auch Loblieder auf die Güte Gottes und die Liebe eingefügt.

Wenn ich neue Erkenntnisse nicht anschaue, dann glaube ich an Gott. Wenn ich aber die vielen Widersprüche und das Wissen mit einbeziehe, dann glaube ich nicht an Gott.

Ich will die Gläubigen nicht generell verurteilen. Ich bin überzeugt, dass bekehrte Menschen eine außergewöhnliche Erfahrung gemacht haben. Ich bin auch sicher, dass dieser Glaube Menschen von Drogen und Alkohol abbringen kann.

Ich kenne viele gläubige Menschen, auch in meiner eigenen Verwandtschaft. Die meisten dieser Menschen waren schon außergewöhnlich liebenswert, bevor sie gläubig wurden. Gerade diese Menschen hätten es in meinen Augen gar nicht nötig, diesen Glauben anzunehmen, weil ihr Charakter schon vorher „in Ordnung“ war.

Dann kenne ich das Beispiel jenes Mannes, der früher vehement die Theorie des Erich von Däniken vertrat. Nämlich, dass wir von Außerirdischen abstammen und das Leben auf der Erde von „ET“ gemacht wurde. Er versuchte lautstark alle Leute in seiner Umgebung von dieser Theorie zu überzeugen. Dieser Mann hat seinen Charakter auch behalten. Er vertritt jetzt stattdessen vehement die Seite der Bibel und dass Gott diese Erde erschaffen und bevölkert hat. Er schreckte nicht davor zurück, seine Tochter in diesem Sinne zu erziehen und ihr mit der Hölle zu drohen, bis jemand das Jugendamt einschaltete. Das Prinzip seines Charakters hat sich nicht verändert, nur wurden von Däniken und ET mit Gott ausgetauscht.

Warum behandelt dieser Mann seine Tochter auf diese Weise? Weil er bibelgläubig ist und weil dort steht, dass Gott jene „züchtigt“, die er liebt. Also wendet er diese Züchtigung auch auf seine Tochter an. Obwohl doch bekannt ist, dass körperliche Züchtigung nur Angst erzeugt. Überzeugen kann man nur mit Worten, nicht mit Schlägen.

Dann gibt es noch die junge Frau, die ihren Mann verlassen hat, weil sie „nicht mit einem ungläubigen Mann schlafen kann“. Sie hat sich einer kleinen, aber fundamentalistischen religiösen Gruppe angeschlossen. Sie hat sich von ihrer Familie losgesagt und lässt auch den Kontakt zu ihrem Kind nicht zu, weil diese Menschen „in der Dunkelheit leben“. Sie ist auch bibelgläubig und dort steht eben, dass du „solchen Menschen“ aus dem Weg gehen sollst und sie weder grüßen noch in dein Haus einladen sollst.

Bei diesen negativen Beispielen sieht man, dass die christliche Botschaft der Nächstenliebe auf keinen fruchtbaren Boden gefallen ist. Wie sonst lässt es sich erklären, dass Eltern ihre Tochter schlecht behandeln und eine Mutter ihrem Kind den Vater und die ganze Verwandtschaft vorenthält?

Da wir leider nicht in die Köpfe und Herzen der Menschen sehen können, müssen wir uns auf unsere innere Stimme und den Verstand verlassen. Wenn wir uns einen Glauben zulegen, sollten wir uns immer fragen, was dieser Glaube bewirkt. Ich persönlich bin der Meinung, dass viele Leute aus purer Angst vor der Hölle an Gott glauben.

VII.
Werbung macht dich „gläubig“

Jeder Gedanke, jedes Bild und jedes Wort setzt eine geistige Energie frei. Diese Energie hat irgendwo eine Wirkung. Wir können das nicht sehen, aber diese Energie kommt immer irgendwo an.

Als das Privatfernsehen aufkam, argumentierten die Befürworter damit, dass dadurch die Vielfalt der Programme gesteigert werden würde. Ist das wirklich so? Meiner Meinung nach wurde damit hauptsächlich der Blödsinn vervielfältigt.

Jedes Geschäft hat zum Ziel damit Geld zu verdienen. Ob ich Brötchen oder Fernsehprogramme verkaufe ist egal. Ich muss immer mehr verdienen, als ich investiere. Also muss ich die Leute auf mein Produkt aufmerksam machen. Bei Brötchen ist das vielleicht nicht so wichtig, weil das ein Grundnahrungsmittel ist, das jeder Mensch braucht und von sich aus kauft.

Beim Fernsehen ist das nicht mehr so. Das muss man den Leuten schmackhaft machen. Dafür muss man prinzipiell „werben“. Alles was wir Menschen zum Leben brauchen, das holen wir uns. Was wir aber nicht wirklich brauchen, das muss uns von cleveren Geschäftsleuten verkauft werden.

So geschieht es mit den Fernsehprogrammen. Es wird in Zeitungen und Zeitschriften und natürlich im Fernsehen dafür geworben. Laut und schrill, damit es ja alle hören. Hier werden unsere angeborenen Eigenschaften wie Wissensdurst und Mitgefühl ausgenutzt. Wir werden aufmerksam und ohne es zu merken, werden wir abhängig.

Hast du dir schon einmal überlegt, welchen Energien deine Kinder tagtäglich ausgesetzt sind? Denke doch nur an das Fernsehen. Hier werden die Kinder schon in ganz jungen Jahren von der Werbung beeinflusst. Vielleicht weißt du aus eigener Erfahrung, dass du dagegen auch nicht immun bist. Obwohl du theoretisch weißt, dass die Werbung mehrheitlich übertreibt, kaufst du doch immer wieder ein neues

Waschmittel oder ein neues Deo, weil du es in der Werbung gesehen hast.

Wenn du genau hinschaust, dann merkst du, dass du keines der angepriesenen Produkte wirklich brauchst. Ich habe mir angewöhnt, keine Werbung mehr zu schauen. Ich mag mich nicht manipulieren lassen und es stört mich enorm, wenn ein Film durch 20 Minuten Werbung verlängert wird. Meine Kleider werden mit dem günstigsten Waschmittel sauber und mein „gewöhnliches" Deo hat mich auch noch nie im Stich gelassen. Schließlich ist die Körperwäsche maßgebend. Wir wissen doch alle, dass überhaupt kein Unterschied zwischen sauber und rein besteht, aber die Werbung macht uns das glauben.

Wenn schon wir Erwachsene so stark auf diese suggestiven Bilder und Worte reagieren, dann kann man sich in etwa vorstellen, wie das auf Kinder wirkt. Nicht nur die Werbung, sondern alles, was im Fernsehen gezeigt wird.

Wie kann ich meine Kinder zu glücklichen Menschen erziehen, wenn wir uns von unsinnigen Serien berieseln lassen? Entweder es geht um Sex, oder um Gewalt, oder um Beides. Wir schauen uralte Serien, als ob unser Leben davon abhängen würde.

Du kannst ein kleines Spiel machen. Stelle doch bei einer dieser ausländischen Serien den Ton ab und beobachte die Mimik der Schauspieler. Es ist wirklich lustig, weil du dann siehst, dass der so genannte Dialog oft aus Oh's und Wow's besteht.

Ob es sprechende Tiere, Superman oder Hexen sind. Wenn diese Dinge schon auf uns einwirken, dann können sie bei Kindern großen Schaden anrichten.

Und dann erst noch diese völlig hirnrissigen Talkshows. Ich meine nicht eine Gesprächsrunde, wo Leute über ein bestimmtes Thema diskutieren. Ich meine jene inszenierten Unsinnigkeiten, wo über die Größe des Silikonbusens oder über den Trennungsgrund eines Paares geredet wird. Reden ist auch nicht das richtige Wort, weil sich Leute vor laufender Kamera anschreien.

Dann zeigen sie dir diese „Schönheitsoperationen“ und reden dir ein, dass du das auch brauchst. Ob es Lifting, eine neue Nase oder Botox zur Stirnfaltenglättung ist. Keinen Bereich deines Körpers lassen sie aus.

Glaubst du wirklich, dass du hinterher glücklicher bist? Vielleicht für einige Tage. Dann holt dich der Alltag ein und du fühlst dich genauso leer wie vorher. Dann suchst du nach dem nächsten Kick. Der Arzt hingegen, der dich operiert hat dankt dir, weil du ihm zu seinem neuen Porsche verholfen hast.

Hier wird unser Interesse für unsere Mitmenschen ausgenutzt. Natürlich sind wir gerührt, wenn wir sehen, wie ein durch Unfall verunstalteter Mensch Dank plastischer Chirurgie ein neues Gesicht bekommt. Oder via Fernsehen Familien zusammengeführt werden. Wir freuen uns, wenn Adoptivkinder ihre Eltern finden.

Mach dir nichts vor! Es geht nur um die Quote. Das alles wird gemacht, damit du und ich vor der Glotze bleiben und uns auch noch durch die Werbung berieseln lassen. Das hat Methode.

Was für Energien werden hier freigesetzt? Natürlich wieder keine, die dir oder mir helfen könnten. **Der einzige Zweck dieser Sendungen ist Geld.** Zwar werden Gründe wie Aufklärung, Information oder Unterhaltung vorgeschoben, aber du kannst sicher sein, dass sie alle nur an dir verdienen wollen.

Die Nachrichten sind auch so eine Sache. Muss ich wirklich alles Schlechte erfahren, das auf dieser Welt passiert? Fühlst du dich gut, wenn du stündlich am Radio hörst, dass irgendwo auf der Welt Tausende massakriert wurden?

Als es noch weniger Kanäle gab, wurden die Nachrichten um 20 Uhr gebracht. Das reichte ja, um informiert zu sein. Da es heute mehr um Quote als um Information geht, kannst du stündlich Nachrichten schauen. Es werden kleine Trailer von den Schlagzeilen gebracht, um dich neugierig zu machen. Alles nur, damit du ja auf diesem Kanal vor der Glotze bleibst.

Muss ich wirklich wissen, dass ein Mensch irgendwo auf der Welt seine Familie umgebracht hat? Nein, natürlich nicht und trotzdem schauen wir uns das an. Bilder haben eine noch größere Wirkung, als Worte.

Es wird „Information“ genannt, aber es ist nur unnötiger Ballast in unserer Seele.

Was hat das für eine Wirkung auf uns? Wir werden einseitig mit „schlechten“ Energien geladen. Wir haben Angst.

In Amerika ist diese Angst schon ziemlich fortgeschritten. Dort haben sehr viele Menschen eine Waffe, weil sie Angst davor haben, ausgeraubt oder umgebracht zu werden. Sie wurden durch die Bilder im Fernsehen überzeugt, dass sie das nächste Opfer sein könnten und glauben, dass sie sich mit einer Waffe besser verteidigen können.

Dort kann man live miterleben, wie Verbrecher von der Polizei verfolgt werden. Die Lokalnachrichten drehen sich um Verbrechen. Man könnte das Gefühl bekommen, dass es in Amerika nur noch Verbrecher gibt.

Das stimmt natürlich nicht, aber die Bilder haben eine immense Kraft und die Leute reagieren entsprechend darauf.

Ebenfalls aus Amerika kommen diese Fernsehpredigten. Es werden nur Bilder aus gut gefüllten Kirchen übertragen und der Prediger ist meistens sehr telegen und gut aussehend. Er erzählt dir von der Güte Gottes und bringt Beispiele von Leuten, die eine fantastische Erfahrung mit Gott gemacht haben. Wie George W. Bush, der durch den Glauben vom Alkoholiker zum Abstinenzler und zum wiedergeborenen Christen wurde.

Du darfst selbstverständlich auch Geld spenden. Der kleinste Betrag ist diesen Menschen willkommen, weil sie „damit Gutes tun“. Außerdem braucht die Kirche ein neues Glasdach, damit „Gottes Sonnenschein“ direkt auf die Gläubigen scheinen kann. Dass diese Prediger oft in Saus und Braus leben, versteht sich von selber.

Siehst du was diese Leute machen? Sie manipulieren dich! Subtil, aber effektiv schleichen sie sich in dein Leben und beherrschen deinen Alltag.

Sie reglementieren dich wo es nur geht.
Im Bett; du darfst vor der Ehe keinen Sex haben.
In deinem Entscheidungswillen; du darfst nicht abtreiben.
In deinen Gedanken: du sollst nicht sündigen.

Kürzlich las ich diesen tollen Satz.

> „Die Menschen sündigen, weil sie nicht wissen, dass es Sünde ist.“

Ist das nicht herrlich unsinnig? Ich sündige also, ohne dass ich es weiß. Ich brauche dringend jemanden, der mir sagt, was ich denn noch tun darf!

Solche Aussagen finde ich maßlos, frech und überheblich. Traurig daran ist, dass Menschen solche Aussagen glauben und sich deswegen schlecht fühlen.

Was kannst du tun, damit du nicht depressiv und gleichgültig wirst? Verstehen, wie wir Menschen „funktionieren“.

VIII.
Unser Gehirn macht uns zu dem, was wir sind

Die Hirnforschung ist noch eine junge Wissenschaft und steht ganz am Anfang ihrer Erkundungsreise. So viel ist aber gewiss.

Der Mensch ist ein Produkt seines Gehirns. Eines Gehirns, das er bei der Geburt mitbringt und das ihn zu dem macht, was er ist. Dieses Gehirn ist nicht etwa ein unbeschriebenes Blatt, sondern mehr wie die Festplatte eines Computers. Diese Festplatte ist unsere Persönlichkeit. Die ist vorgegeben und man kann daran nichts ändern. (Außer durch Verletzungen oder Krankheit.) Diese Festplatte ist weder formatierbar, noch kann ich ein Programm davon löschen. Du und ich und jeder Mensch behalten dieses Programm unser ganzes Leben lang. Wir können „neue Dateien" hinzufügen, aber immer nur im Rahmen unserer vorhandenen Programme.

Ich mag zwar musikalisch sein, aber trotzdem fehlt mir das Programm „Wunderkind", um ein Mozart zu sein und außerdem habe ich den Drang nicht, vor einem Publikum zu stehen. Ich interessiere mich für viele Gebiete der Wissenschaft, aber es fehlt mir das Programm „Ausdauer", um mich intensiv auf einen Bereich festzulegen und mich beruflich mit der Materie zu befassen. Die Programme „Zeichnen" und „Dichten" fehlen bei mir gänzlich. Ich habe auch nicht den Drang ein Picasso oder Goethe zu sein.

Allerdings habe ich das Programm „Sinn des Lebens" und „Religion" und das treibt mich voran, ob ich will oder nicht. Ich kann nicht aufhören Fragen zu stellen.

Unser Gehirn ist ein „selbstständiges Programm". Es reguliert nicht nur die Hormonausschüttung, die Funktion unserer Organe, sondern es trifft sogar Entscheidungen, auf die wir bewusst keinen Einfluss nehmen können. Wenn ich mich in den Finger schneide und blute, dann trifft mein Gehirn die Entscheidung, wie diese Wunde zu schließen ist. Mein

Herz funktioniert ohne mein Zutun und meine Lungenflügel versorgen mein Gehirn mit dem nötigen Sauerstoff.

Dieses Programm reagiert bei jedem Menschen unterschiedlich. Heute weiß ich, dass die Ablehnung meiner Mutter von meinem Gehirn gesteuert wurde. Ich habe unbewusst ihre Ängste wahrgenommen und als meine Gefühle integriert. Diese Gefühle lösten in mir Angst aus und meine Reaktion war Wut und Ablehnung.

Wir sind auch das Produkt unserer Vorfahren. Unser Gehirn übernimmt die Gefühle von unserem Familienclan, von denen wir nicht die geringste Ahnung haben, aber die Wirkung sehen wir an unserem Leben.

Wir merken es daran, dass wir fast automatisch immer wieder die gleichen Fehler machen, uns fürchten, oder keine Bindung eingehen können. Wir sind süchtig nach Alkohol oder Drogen und wissen nicht, dass die Ursache in unserem „Genpool" liegt.

Es gibt natürlich auch sichtbare Gendefekte, die wir übernehmen. Erbkrankheiten wie die Bluterkrankheit oder die Farbenblindheit. Das ist sichtbar und deshalb in der Gesellschaft akzeptiert.

Unsere Gefühle sind aber nicht sichtbar und was nicht sichtbar ist, wird nicht sofort in Betracht gezogen. Sogar unser Berufswunsch kann von den Gefühlen unserer Vorfahren beeinflusst sein.

Ob ich traurig oder fröhlich bin, hängt auch davon ab, wie mein Gehirn die Hormone und Botenstoffe reguliert und verteilt. Wenn ich von einem Stoff sehr viel habe, dann bin ich aggressiv und werde entweder ein psychopathischer Mörder oder ein Extremsportler, der von Hochhäusern springt.

Wenn ich von einem Stoff zu wenig habe, dann bin ich unter Umständen so ängstlich, dass ich mich nicht aus dem Haus zu gehen getraue und mir der ganze Alltag zur unerträglichen Last wird.

Ich kann auf diese Vorgänge in meinem Körper bewusst nicht einwirken. Sogar meine geschlechtlichen Vorlieben sind von meinem Gehirn gesteuert und ich kann es willentlich nicht beeinflussen. Ob ich mich zu Männern oder Frauen hingezogen fühle, ist in meinem Gehirn programmiert.

Da wir alle im Geist verbunden sind, bin ich davon überzeugt, dass es ein kollektives Bewusstsein gibt. Das ist in meinen Augen eine Energie, welche viele Menschen gleichzeitig leben.

Das könnte heißen, dass die Gedanken, welche ich hier formuliere, am anderen Ende der Welt schon von jemandem gedacht wurden. Oder, dass ich jetzt diese Gedanken in die Welt schicke und jemand wird sie empfangen.

Seit dem 11. September 2001 hat sich der Glaube radikalisiert und es wurde eine Energie entfesselt, die uns wenig nützt.

Dank dem amerikanischen Präsidenten George W. Bush, der von seinem Volk zuerst nicht, dann aber mit großer Mehrheit gewählt wurde, haben wir nicht nur eine „Achse des Bösen", sondern wir haben wieder einen Kreuzzug, den alle christlichen Menschen unterstützten sollten. Leider mobilisiert das nicht nur die Christen, sondern auch die Moslems.

Was für ein Schwachsinn!

Alles was wir tun müssen, ist unser Gehirn einzuschalten. Leider fängt hier auch die größte Schwierigkeit an. Hier ist auch der Punkt, wo ich der Kirche und den religiösen Gemeinschaften den größten Vorwurf mache. Nämlich, dass sie die neu gewonnen Erkenntnisse über das menschliche Gehirn einfach ignorieren.

IX.
Haben wir wirklich einen freien Willen?

Die Wissenschaftler sind sich mehrheitlich einig, dass wir keinen freien Willen haben.

Wir besitzen alle die gleichen Grundprogramme. Wir haben alle Gefühle. Wir können Freude und Trauer empfinden. Wir können Schmerzen fühlen.

Bei den Gefühlen fängt das große Dilemma an. Gefühle haben eine unheimlich starke Wirkung, aber sie sind unsichtbar und wirken lange Zeit unerkannt. Darum haben wir darauf keine Zugriffsmöglichkeit. Die Folgen auf unsere Vorlieben, Abneigungen und Ängste werden aber hier eingepflanzt.

Die Schaltungen und Verknüpfungen in unserem Gehirn geschehen ohne unser Zutun, ja ohne unser Wissen. Wir haben über den „Inhalt" dessen, was dort aufgenommen wird sehr oft willentlich keinen Einfluss. Die Beeinflussung beginnt schon lange vor unserer Geburt.

Jede Entscheidung, die wir treffen, wird uns von unserem Gehirn vorgegeben. Das kann man sich vorstellen, wie in einem Suchprogramm. Ich gebe einen Begriff ein und der Computer spuckt alle vorhandenen Stichwörter aus. Unser Gehirn arbeitet ähnlich. Es durchsucht in Sekundenbruchteilen die vorhandenen „Dateien" und trifft meine Entscheidung. Diese Entscheidung ist aber nicht rein sachlicher Natur, sondern eben von jenen Gefühlen beeinflusst, von denen ich nichts weiß.

Unser Gehirn reagiert auf die äußeren Einflüsse und trifft so die Entscheidung. Wenn ich etwas mache, dann immer als Reaktion auf einen Impuls. Wenn ich Hunger habe, dann ist meine Reaktion kochen. Wenn ich mit meiner Arbeit nicht zufrieden bin, dann ist meine Reaktion eine Stellensuche. Völlig egal ob ich eine Nordpolexpedition starte oder meine Wohnung putze; ich reagiere immer auf einen Impuls.

Wir reagieren immer. Besonders dann, wenn es uns schlecht geht.

Wenn wir wirklich einen freien Willen hätten, dann würde unsere Welt anders aussehen. Wir hätten das Paradies auf Erden und wir würden in Frieden mit uns und unserer Umwelt leben.

Warum? Weil wir grundsätzlich auf Leben und Lieben programmiert sind und nichts tun würden, was uns schadet. Warum haben wir dann Kriege und hassen uns gegenseitig? Theoretisch ist der „gute Wille“ bei den meisten Menschen vorhanden, nur scheitert es an der richtigen Ausführung.

Unser „Bewusstsein“ haben wir von unserem Gehirn. Es ist wie ein schwarzes Loch. Da wird alles aufgesaugt und je nach Bedarf wird es wieder abgerufen, oder eben nicht. Was drin ist, wissen wir oft nicht, weil es filtriert wieder abgegeben wird. Mit diesem Bewusstsein tragen wir auch viele Ängste, die uns daran hindern, das zu tun was in der Theorie so gut tönt.

Durch dieses Bewusstsein, das wir Ich nennen, unterliegen wir zuerst dem Trugschluss, dass alle Menschen gleich sind und wir deshalb alle die gleichen Eigenschaften haben.

Mehr oder weniger ist das ja auch so. Wir sind ähnlich gebaut mit Kopf, Rumpf und Gliedern. Wir haben alle Gefühle und spüren den Schmerz. Ja, aber die Gewichtung dieser Kombination ist bei jedem Menschen anders.

Weißt du was ich meine, wenn ich dir sage, dass ich Kopfschmerzen habe? Nein, du kennst nur deinen eigenen Kopfschmerz. Ich kann dir mit Worten versuchen meinen Schmerz zu erklären, trotzdem fühle nur ich diesen Schmerz. Wie sich mein Schmerz anfühlt, weißt du nicht und wirst es nie erfahren, weil du nicht ich bist.

Ich habe keine Probleme damit, wenn ich mich in den Finger schneide. Das passiert mir regelmäßig und am besten mit neuen Messern, die noch scharf sind. Ich habe meinen entzündeten und geplatzten Blinddarm so lange ertragen, bis ich fast daran gestorben wäre. Wenn mir hingegen der Zahnarzt in den Mund schaut, dann tun mir alle Zähne gleichzeitig weh und ohne Betäubungsspritze ertrage ich nicht einmal eine einfache Zahnsteinentfernung.

Diese Tatsache übersehen wir oft und nennen jemanden wehleidig. Jeder kennt nur seinen eigenen Schmerz und sollte daher nicht voreilig urteilen.

Ob ich meine Wohnung sauber und ordentlich halten kann, ist auch von meinem Gehirn abhängig. Nur weil ich es kann, muss nicht heißen, dass du es auch machen kannst.

Gemäß Bibel wurde der Mensch von Gott „nach seinem Ebenbild" erschaffen. Wenn der absolute Gott wirklich allmächtig und ohne jeden Fehler ist, dann müsste „sein Ebenbild", nämlich wir, das auch sein.

Unter uns gesagt, wenn ich uns anschaue, dann finde ich schon, dass wir perfekt sind. Wir besitzen alles was wir brauchen, um auf dieser Erde ein schönes Leben zu haben. Eine gute Kombination von Herz, Geist und Verstand. Aber die Bibel behauptet, dass jeder Mensch frei wählen kann, ob er Gott lieben will oder nicht. Hier werden immer noch „Erkenntnisse" von vor über 2000 Jahren propagiert.

Wir haben nicht wirklich die Wahl, weil wir von ganz vielen unterschiedlichen Kräften beeinflusst werden, von denen wir keine Ahnung haben. Natürlich ganz stark von den Gefühlen unserer Eltern und Vorfahren. Wenn es uns aber nicht bewusst ist, dann können wir auch keinen Gebrauch davon machen und für unser Leben verwenden.

Wenn wir wirklich das Ebenbild dieses Gottes sind:
- warum kommen wir dann „als schreckliche Sünder" auf die Welt?

Wenn ich wirklich von Gott erschaffen wurde:
- wie soll ich kleiner Wurm dann etwas an dem ändern können, das ich von "ihm" bekommen habe?

In der Bibel steht, dass wir nichts aus eigenem Willen machen können, sondern völlig von Gott und seiner Güte abhängig sind. Ist das nicht wieder Paradox?

Ein Paradox ist eine Aussage, welche sich selbst widerspricht. Zum Beispiel, wenn ich als Frau sage, dass alle Frauen lügen. Dann kannst du mir das gar nicht glauben, weil ich in diesem Fall generell die Unwahrheit sage. Die Aussagen in der Bibel sind oft auch so.

Einerseits habe ich einen eigenen und freien Willen, um mich für Gott zu entscheiden, andererseits kann ich gar nichts, weil alles von Gott kommt. Was stimmt jetzt?

Wir sind so wie wir sind durch unser Gehirn.

Aber die Kirchen übersehen das geflissentlich und wettern immer noch gegen die gleichgeschlechtliche Liebe. Warum ist es für irgendjemanden maßgebend, ob ich mich zu Männern oder zu Frauen hingezogen fühle? Warum ist das für die Kirche so wichtig?

In meinem Freundeskreis ist ein „Schwulenpaar“ und sie sind in keiner Weise anders als andere Menschen. Sie haben auch ihre Probleme mit Gott, den Eltern und der Welt. Genauso wie ich auch. Sie sind genauso liebenswert wie jeder andere Mensch.

Noch vor einigen Jahrzehnten wurden Menschen beschuldigt, vom Teufel besessen zu sein, wenn sie Epilepsie hatten. Vielleicht deswegen, weil Epilepsie eine Krankheit des Gehirns ist und am Körper nicht sichtbar? Heute ist das nicht mehr vorstellbar.

Viele Frauen stellen nach einer Diät fest, dass sie nach einiger Zeit sogar mehr Gewicht auf die Waage bringen, als vor der Diät. Hier kann man nur sagen; Vorsicht, Gehirn denkt mit! Der Körper stellt fest, dass mit der Diät eine „Zeit der Knappheit“ eingesetzt hat. Das Gehirn reagiert und drosselt den Energieverbrauch. Sobald die Zeit der Diät vorbei ist, reagiert der Körper damit, dass er jetzt Vorräte in Form von Fettdepots anlegt, um für die nächste Zeit der Knappheit besser gerüstet zu sein.

Wenn Menschen durch Unfall oder Krankheit eine Gehirnverletzung erleiden, dann verändert sich unter Umständen ihre ganze Persönlichkeit. Je nach Region die verletzt ist, können sie nicht mehr sprechen, gehen, oder sind in ihrem Sichtfeld eingeschränkt. Fertigkeiten die sie vorher hatten, sind einfach „ausgelöscht". Viele Menschen sind nach Hirnverletzungen pflegebedürftig und können sich nicht mehr alleine versorgen.

Ein Mensch, der vor der Verletzung sanft und gutmütig war, kann dann zu einem bösartigen, egoistischen und uneinsichtigen Monster mutieren.

Der Mensch kann mit einer Niere auskommen, ohne Sehkraft überlebt er auch. Dank moderner Medizin kann er auch mit einem künstlichen Herzen noch leben. Aber, wenn sein Gehirn tot ist, dann funktioniert nichts mehr und der Mensch ist tot.

Ja und dann gibt es auch noch grundlegende Unterschiede zwischen Mann und Frau. Männer haben wegen ihrem Y-Chromosom eine andere Hormonverteilung, als Frauen. Männer besitzen mehr Testosteron und das bewirkt, dass Männer draufgängerischer und etwas aggressiver sind als Frauen. Der Bewegungsdrang ist bei ihnen größer. Interessant ist auch der Umstand, dass kriminelle Tätigkeiten, kriegerische Gewalt, sexuelle Ausbeutung, Betrug usw. mehrheitlich eine Männerdomäne sind. Die Gefängnisse sind mehrheitlich von Männern überfüllt.

Ich möchte die Männer in keiner Weise verurteilen, weil sie auch hirngesteuert sind, wie die Frauen. Sie sind, wie sie sind. Trotzdem plädiere ich dafür, dass wir Frauen uns besinnen und versuchen sollten, das Schiff in eine andere Richtung zu steuern. Ich bin überzeugt, dass wir die Energien dahingehend lenken können, dass die Menschen sich besser verstehen und näher kommen.

Fazit

Wir reagieren auf unsere Umwelt gemäß unserer vorgegebenen Persönlichkeit, an der wir nichts ändern können. Diese Persönlichkeit entsteht aufgrund verschiedener Gegebenheiten und ist stark von den Gefühlen unserer Eltern und Vorfahren abhängig. Wenn ich glückliche

Eltern habe, dann ist die Wahrscheinlichkeit sehr groß, dass ich auch glücklich werde.

Besteht für uns die Möglichkeit, etwas zu ändern? Ich glaube, dass das geht.

Ist das nicht wieder ein Paradox? Nein.

Weil ich weiß, dass wir die Fähigkeit besitzen, neue Erkenntnisse zu erlangen. Ich hoffe, dass die meisten Menschen den Wunsch haben, glücklich und in Frieden zu leben.

Darum glaube ich, dass wir die Welt zu einem schönen Ort machen können und wollen.

X.
Frauen dieser Welt vereinigt euch

Wir müssen uns bewusst machen, dass unsere Worte und Gedanken eine Wirkung haben. Wir müssen erkennen, dass wir mit unserem Gehirn eine unglaubliche Kraftquelle haben. Wir müssen diese Energie einsetzen, damit diese kriegerischen Auseinandersetzungen aufhören.

Die Frauen wurden ja Dank Adam und Eva und dem Kirchengründer Paulus als „Wesen 2. Klasse“ abgestempelt. Über Jahrhunderte wurde den Frauen jegliches Gefühl und jedweder Verstand abgesprochen. Weil Eva gegen den Willen Gottes Früchte vom „Baum der Erkenntnis“ aß und Adam ebenfalls dazu „verführte“, wurden sie aus dem Paradies verbannt.

Tönt das nicht wieder sehr danach, dass man den Menschen dumm halten will? Was ist dagegen einzuwenden, dass wir etwas erkennen? Bekanntlich fängt ja jeder Fortschritt mit einer neu gewonnen Erkenntnis an.

Bitte glaube nicht, dass ich jetzt Gott mit Gehirn austausche. Es spielt in diesem Zusammenhang auch gar keine Rolle, ob wir von Gott oder von ET erschaffen wurden oder nicht. Wichtig ist nur, dass wir bestimmte Fähigkeiten haben und so sind, wie wir sind.

Obwohl wir sozusagen fremd-, sprich hirngesteuert sind, sind wir doch fähig durch „neue Dateien", neue Erkenntnisse zu gewinnen und unser Leben zu steuern und in eine andere Richtung zu lenken. Wir müssen endlich aufwachen! Wir müssen dafür sorgen, dass alle Kinder dieser Welt so behandelt werden, dass sie sich zu gesunden und liebenden Erwachsenen entwickeln können.

Wir müssen diesem Wahnsinn ein Ende setzen. Es geht nicht an, dass täglich Tausende von Kindern körperlich und seelisch durch Bomben und Minen verstümmelt werden. Hast du solche Kinder schon gesehen? Sie haben entweder keine Beine, keine Arme, keine Finger mehr, oder verstümmelte Glieder. Sie verlieren ihr Augenlicht oder haben fürchterliche Brandverletzungen.

Kannst du dir vorstellen wie diese Kinder leiden? Nur schon die körperlichen Schmerzen! Diese Schmerzen haben vielleicht irgendwann ein Ende, aber verlorene Glieder und Augen kann man nicht wieder ersetzen. Können solche Kinder zu liebenden Erwachsenen werden?

Da unser Gehirn die Gefühle unserer Eltern, Groß- oder Urgroßeltern als Paket mitnimmt und speichert, werden die Nachkommen dieser verletzten Kinder ebenso stark leiden. Vielleicht noch mehr.

Du musst dir bewusst sein, dass deine Gefühle die Gefühle deiner Kinder beeinflussen.

Ich war jahrelang unglücklich und habe darunter gelitten, dass mich meine Mutter nicht liebte. Ich war ihr deswegen sehr böse und habe sie auch nicht geliebt. „Normal" ist das nicht, weil zu Beginn jedes Kind seine Eltern liebt. Sein Leben hängt von dieser Liebe ab und im Gegenzug sorgen die Eltern mit ihrer Liebe dafür, dass das Kind wächst und gedeiht.

Erst heute weiß ich, dass ich unter dem Einfluss gewisser Energien stand, die mich so machten. Mein Gehirn hatte Gefühle gespeichert, von denen ich nichts wusste und auf die ich nicht einwirken konnte.

Darum ist es ganz wichtig, dass du dafür sorgst, dass deine Kinder den richtigen Energien ausgesetzt werden, weil deine Gefühle deine Kinder prägen. Darum fängt alles bei dir an. Wenn du Sorgen hast oder Schwierigkeiten, den Alltag zu meistern, dann solltest du dir Hilfe suchen.

Es gibt viele verschiedene Möglichkeiten, seine Probleme zu lösen. Alles ist gut, was dir nützt. Es spielt keine Rolle, ob du Bücher liest, in eine Psychotherapie gehst, Yoga übst, oder Lichtübungen machst.

Mir hat die Familienaufstellung nach Bert Hellinger am meisten geholfen. In einer solchen Therapie erkennt man sehr schnell, welchen

Gefühlen wir ausgesetzt waren und sind. Wenn du daran interessiert bist, findest du sicher durch „Zufall“ den richtigen Therapeuten.

Es geht darum, dass wir diesen Planeten endlich in Ordnung bringen. Die Erde gehört uns nicht! Wir haben sie nur für die Dauer unseres Lebens ausgeliehen! Wir sind verpflichtet dafür zu sorgen, dass unsere Nachkommen auch ein gutes Leben führen können.

Bis jetzt hatten die Männer das Sagen. Das Resultat ist, dass unsere Städte Betonwüsten sind, das Ozonloch uns die Sonne nicht mehr genießen lässt und unsere Kinder wegen den Autoabgasen Asthma haben. Wir beuten die natürlichen Rohstoffe der Erde aus, ohne ihr etwas zurückzugeben und verwüsten große Teile durch Kriege.

Die Welt ist „globalisiert“ und der einzige Zweck des Lebens scheint zu sein, dass wir für unsere Firma die Gelderträge jedes Jahr um einige Prozente steigern.

Wie lange können wir das noch machen?

Ist es nicht unsinnig, dass an vielen Orten das Rauchen verboten wird, aber die Eindämmung der Autoabgase nicht durchsetzbar ist?

Das gesundheitliche Risiko eines Rauchers und seiner Umgebung steht in keinem Verhältnis zu der Gefahr, welche durch Abgase weltweit verursacht werden.

Diese Abgase wirken auf das Weltklima. Wir wissen, dass wir etwas ändern sollten, aber wir glauben es nicht. Der Glaube ist auch hier einfach stärker! Wenn das Ozonloch so stinken würde, wie die brennende Zigarette neben mir, dann vielleicht.

Wir haben in der Medizin große Fortschritte gemacht, trotzdem sind die Menschen deswegen nicht gesünder. Im Gegenteil! In den so genannten „zivilisierten Staaten“ sind viele Menschen stark übergewichtig und schon Kinder leiden deswegen an Altersdiabetes. Die Zeitschriften sind voll von „gesunden“ Rezepten und wir wissen über Vitamine und Spurenelemente Bescheid. Ernähren wir uns deswegen besser? Nein.

Hier kommt wieder die Werbung ins Spiel. Wir „wissen“, wie gesunde Ernährung sein sollte, aber die Bilder der Werbung sind einfach stärker. Die Pizzas und Fertignudeln sehen am Bildschirm so appetitlich aus, dass wir es „glauben“ und deswegen essen. Wir wissen, dass in diesen Fertigprodukten zu viel Fett und zu viele Kohlenhydrate enthalten sind. Wir wissen auch, dass es Geschmacksverstärker und E-Stoffe enthält. Es nützt nichts. Wenn wir das Bild der schönen Pizza im Kühlregal oder im Fernsehen sehen, dann glauben wir es.

Die Bilder sind einfach stärker und wir glauben es.

Obwohl auch bekannt ist, dass glückliche Menschen seltener krank sind, haben die Mediziner immer noch nicht begriffen, dass die Krankheit der Menschen aus ihrer Seele kommt und sich im Körper manifestiert. Den Körper, losgelöst von der Seele zu behandeln, mag kurzfristig erfolgreich sein, aber gesunden muss der Mensch in seiner Seele.

Ist diese ganze verfahrene Geschichte nicht deshalb entstanden, weil die Männer in der Kirche seit über 2000 Jahren einen Gott propagieren, der bösartig, eifersüchtig und blutrünstig ist? Von Güte keine Spur! Seit Jahrtausenden werden wir angehalten nach den Regeln der Bibel zu leben.

Die Botschaft der biblischen Energie ist Gewalt und Zerstörung. Genau das machen wir. Es interessiert uns nicht, ob wir die Erde mitsamt den Menschen zerstören oder nicht. Hauptsache, wir handeln gemäß den biblischen Richtlinien und machen uns Völker und Erde untertan.

Jetzt höre ich wieder einen Mann sagen, dass es nicht nur die Männer waren, weil ja „hinter jedem erfolgreichen Mann eine Frau steht“. Das kann schon sein, aber diese Frauen hatten bestimmt keine Entscheidungsgewalt. Dieses „hinter dem Mann stehen“ verstehe ich darum auch nur so, dass der Mann sich nicht um Haushalt und Familie kümmern musste, sondern sich ganz seinem Beruf widmen konnte.

Dass es Herrscherinnen wie Kleopatra, Katharina die Große und Politikerinnen wie Maggie Thatcher gab, zeigt doch nur, dass die Verteilung der Eigenschaften unterschiedlich ausgeprägt ist. Es gibt nicht den männlichen Mann oder die weibliche Frau, sondern immer Mischformen. Es gibt „sanfte" Männer, die einen höheren „weiblichen Anteil" haben und es gibt „aggressive" Frauen, die einen hohen „männlichen Anteil" haben.

Ich selber habe auch ein gewisses Gewaltpotenzial und manchmal möchte ich auch losziehen und die Menschen schütteln, dass ihnen die Luft wegbleibt.

Ich möchte aber sagen, dass das Gehirn einer Frau eben ein wenig anders ist, als das eines Mannes. Wir sind mehr auf Gefühle programmiert und haben andere Prioritäten. Deshalb liegt uns das Leben unserer Kinder einfach mehr am Herzen, als den Männern. Ich kenne keine Frau, die ihre Kinder ohne weiteres in den Tod schicken würde, aber die Politiker auf der ganzen Welt machen das täglich. Ich kenne viele Frauen, die es schrecklich finden, dass Kinder auf der ganzen Welt durch Kriege umkommen.

Auch hier möchte ich betonen, dass das leider die negativen Beispiele sind. Nicht jeder Mann ist so, aber der Durchschnitt der Politiker scheint einfach auf Macht und Eroberung, anstatt auf Leben und Liebe abonniert zu sein.

Dass es in der Politik vermehrt Frauen gibt, die ziemlich rigoros „männliche Ansichten" vertreten, mag daran liegen, dass Politik immer noch eine Männerdomäne ist. Darum muss eine Frau, die dort bestehen will, ebenfalls hart und unnachgiebig sein. Das muss aber nicht bis in alle Ewigkeit so bleiben. Das kann man mit Liebe ändern. Liebe zu uns selber und zur Natur.

Darum müssen wir Frauen etwas tun, aber wir müssen endlich damit anfangen.

XI.
Woher kommt der biblische Gott?

Der Monotheismus, also der Glaube an einen einzigen Gott besteht ja erst seit ca. 1400 vor Christus. Anscheinend wurde diese Idee in Ägypten geboren. Davor gab es die Vielgötterei. Es gab für viele Bereiche des Lebens eine eigene Gottheit. Die Götter aus der griechischen Mythologie sind ein gutes Beispiel dafür.

Die Griechen wussten, dass ein perfekter Gott nie über einen „unperfekten" Menschen richten kann. Darum waren im Olymp immer auch Halbgötter (Menschen, die von einem Gott und einem Menschen abstammten) vertreten, wenn über einen Menschen Gericht gehalten wurde. Wie sollte auch ein Gott über etwas urteilen, das ihm völlig fremd ist?

Jahwe heißt übersetzt; ich bin der, der ich bin und war wahrscheinlich ein Wettergott. Selbstverständlich war dieser Jahwe einer von vielen. Er hatte sogar eine Begleiterin. Bei Ausgrabungen fand man einen kleinen Mann mit Bart, der eine Urform Gottes darstellt.

Der Gott der Bibel hat sich aus heidnischen Göttern entwickelt.

Was bedeutet aber das Wort „Heide"? Damit werden Leute bezeichnet, die nicht an den christlichen Gott glauben. Eigentlich ein Unwort, weil damit all jene, welche nicht an „unseren Gott" glauben verurteilt werden.

Wir sind ja irgendwie Gewohnheitstiere. Wenn sich etwas bewährt hat, dann wollen wir das beibehalten und nicht unbedingt ändern. So war das auch mit den Göttern. Darum waren die Menschen nicht von der Idee eines einzigen Gottes begeistert. Wie sich das für eine „richtige Idee" gehört, wurde der Monotheismus durch Krieg und Unterdrückung den Menschen aufgezwungen. Wenn jemand diese Idee nicht akzeptieren wollte, wurde er mundtot gemacht.

Wenn man genug Streitkräfte hat, dann kann man das machen und mit etwas Geduld und viel Gewalt brachte man die Menschen dazu, diesen Glauben als die einzige Wahrheit zu betrachten. Es mussten Millionen von Menschen sterben, bis wir so weit waren, dass wir die Idee eines einzigen Gottes nicht mehr abwegig fanden.

Wenn aber dieser Jahwe einer von vielen Göttern war, dann sind wir gleich weit, wie vor 2000 Jahren! Dann waren die vielen Religionskriege vergebens und völlig unnötig. Dann ist auch dieser Mensch Jesus nicht sein Sohn.

Hast du die Bibel, dieses „heilige Buch“, schon einmal gelesen? Die meisten Menschen kennen nur das, was ihnen im Gottesdienst erzählt wird. Dort hört man von einem allmächtigen und gütigen Gott, der uns unsere Schuld vergibt. Da wird von seinem Sohn Jesu erzählt, der unsere Sünden auf sich nahm und für uns am Kreuze starb. Nach drei Tagen soll er auferstanden sein. Seine Jünger haben das bezeugt, weil sie ihn „gesehen“ haben.

Dazu kann ich nur sagen, dass ein Bekannter von mir ebenfalls auferstanden sein muss. Ich persönlich habe ihn nicht gesehen, jedoch hat mir meine Bekannte glaubwürdig versichert, dass ihr der verstorbene Mann einige Wochen nach seinem Tod mehrere Male in voller Lebensgröße erschienen sei. Sie war wegen dieser Erscheinung sehr beunruhigt und konsultierte infolgedessen ihren Arzt. Der beruhigte sie aber, dass solche Erscheinungen beim Verlust eines geliebten Menschen völlig „normal“ seien.

Die Kirche behauptet bis zum heutigen Tag, dass der auferstandene Jesus eine Tatsache sei und hat daraus eine Zwangslehre gemacht, unter der wir immer noch leiden.

Ganz abgesehen davon, dass sich in dieses Buch sehr viele Übersetzungsfehler eingeschlichen haben, ist und bleibt die Bibel ein Buch, das meiner Meinung nach in die Mythologie gehört. Zumindest könnte man endlich sagen, dass es eine von mehreren Möglichkeiten ist.

Jesus war ein einfacher Mann, der wahrscheinlich weder lesen noch schreiben konnte. Zudem trug er den Makel der „unehelichen Geburt“. Maria war nicht verheiratet, als sie mit Jesus schwanger war. Die Verfasser der Evangelien machten daraus eine „Engelsverkündung“ und eine „Jungfrauengeburt“, weil es nicht angeht, dass ein Messias mittels einer „normalen“ Geburt auf die Welt kommt. Das ist das Wenigste, das einem „Erlöser der Menschen“ zusteht!

Jesus hatte außerdem noch Geschwister, was die katholische Kirche geflissentlich verschweigt, weil das nicht ins Konzept passt. Eine „Jungfrau“ und mehrere Kinder? Das kann es einfach nicht geben, also wird es verschwiegen.

Jesus war ein Rebell und Außenseiter. Er setzte sich für die Armen und Ausgestoßenen seiner damaligen Zeit ein. Er verließ seine Familie und umgab sich mit Huren und Zöllnern. Heute würde man ihn wohl eher als Herumtreiber bezeichnen. Er verstieß gegen die jüdischen Gesetze und kümmerte sich nicht um die Reinheitsgebote. Mit diesem Verhalten gewann er eine große Anhängerschaft in den unteren Bevölkerungsschichten.

Ein solches Verhalten war eine politische Opposition und der Obrigkeit ein Dorn im Auge. So etwas konnte nicht toleriert werden. Dieser Störenfried musste beseitigt werden. Das war der Grund für seine Kreuzigung.

Erst nach dem Tode Jesu fing die Geschichte an, sich zu entwickeln. Sicher waren seine Anhänger traurig und möglicherweise hatten sie tatsächlich eine Erscheinung, wie meine Bekannte. Erst nach seinem Tod wurde er zum Sohn Gottes und der Erlöser. Jetzt begann der Mythos Jesus zu wachsen.

Der einzige Zweck der Bibel ist, dass wir damit klein und gefügig gemacht werden sollen. Gemäß Bibel kommen wir ja schon sündig und schuldbeladen auf die Welt, darum brauchen wir einen Erlöser, der uns diese Schuld vergibt. Ist das nicht etwas zu einfach?

Warum hängen viele Leute immer noch einer Ansicht nach, die vor 2000 Jahren formuliert wurde? Wie kommt es, dass wir über Jahrtausende diesen Glaubenszwang aushalten?

Es heißt, dass für die Christen das Neue Testament ausschlaggebend sein soll.

Stimmt das wirklich? Nein! Denn **jener Gott, an den ich glauben und zu dem ich nur über Jesus Christus gelangen kann, kommt aus dem Alten Testament**.

Du kannst nachprüfen, was das für ein Gott ist. Lese nur einmal die ersten Bücher Moses. Dort steht die genaue Anweisung, wie du alle Völker, die nicht deiner Meinung sind zertreten und töten sollst, dass das Blut in Strömen fließt. Das ist die Aufforderung zum Kreuzzug, - töte alle, die nicht deiner Meinung sind - also Mord und Totschlag. Dort kannst du lesen, dass das auserwählte Volk Gottes – eigentlich die Juden aus dem alten Testament, aber die Christen haben das übernommen - sich die Erde untertan machen soll. Das ist ein Freibrief für die Ausbeutung nicht nur der Natur, sondern auch der Menschen. Es ist auch ein Aufruf zur Unterdrückung Andersgesinnter und zur Sklaverei.

Auch hier hat das Alte Testament sehr übertrieben. Außer in der Bibel findet man keine Hinweise auf einen Exodus aus Ägypten. Es ist leider nur ein schönes Märchen.

Die Christen und ihr „gütiger Gott“ sind der Grund für die Judenverfolgung. Weil sie paradoxerweise die Schuld am Tode Jesu den Juden zuschreiben.

Paradox deshalb, weil doch Jesus für unsere Sünden sterben „musste“, damit wir Erlösung finden. Ich plädiere dafür, dass wir Jesus wieder den Juden geben, denen er ja „gehört“.

Wenn Jesus nicht am Kreuz gestorben wäre, wäre uns einiges erspart geblieben.

Ich weiß nicht, wie du das siehst, aber mir kommt dann jedes Mal die Galle hoch. Die Botschaft in der Bibel ist nicht etwa, dass der Mensch glücklich seinen relativ kurzen Aufenthalt auf dieser Erde genießen soll, sondern eine politische Propaganda.

Die am meisten verbreitete Religion ist das Christentum. Die westliche Kultur ist christlich. Alle westlichen Regierungen und die Politiker sind christlich. Wir alle sind mehrheitlich Christen. Wir sind aber das Produkt unserer Vorfahren und dementsprechend brutal.

Gibt es etwas schlimmeres, als die Christianisierung? Wir haben ganze Völker nicht nur kolonialisiert und ihnen unseren Glauben aufgezwungen, sondern auch ermordet und ausgerottet.

Der „Siegeszug“ dieser Religion entstand durch Unterdrückung und Ermordung von Millionen von Menschen und ist mit deren Blut gepflastert.

Diese Religion hat auch viel dazu beigetragen, dass wir unsere Umwelt zerstören. Wir haben uns die Erde nicht untertan gemacht, sondern wir haben sie kaputt gemacht. Wir haben auf dem Weg in die so genannte Zivilisation unsere Liebe zur Natur verloren und nennen Naturvölker „Wilde“. Wer ist hier der Wilde? Menschen, die im Einklang mit der Natur leben, oder Menschen wie ich, die in Städten leben, die für das Auto gebaut sind?

In der Bibel gibt es selbstverständlich nicht nur negative Dinge. Man kann uns viel besser manipulieren, wenn man uns auch schöne Dinge verspricht. Verstehst du den Sinn der 10 Gebote?

XII.
Die 10 Gebote

Moses bekam die Tafeln mit den 10 Geboten anscheinend von Gott, als er die Juden aus der ägyptischen Sklaverei führte. Natürlich stammen diese Gebote aus dem Alten Testament. Trotzdem sind sie für alle Christen maßgebend.

Sogar unsere Gesetzgebung ist auf Basis dieser Gebote aufgebaut.

Was ist ein Gebot? Eine Aufforderung, aber auch ein Befehl. Hier wird uns keine wirkliche Wahl angeboten, sondern es wird uns befohlen und wir bekommen auch die mögliche Strafe bei Zuwiderhandlung angekündigt.

1. **Ich bin der Herr, dein Gott. Du sollst keine anderen Götter neben mir haben. Ich bin ein eifersüchtiger Gott, der die Schuld der Väter heimsucht bis ins dritte und vierte Geschlecht an den Kindern derer, die mich hassen, der aber Gnade übt bis ins tausendste Geschlecht an den Kindern derer, die mich lieben und meine Gebote halten.**

   Ist das nicht eine Drohung? Es gibt also noch andere Götter? Offensichtlich schon, aber unser Herrgott verbietet uns, diese „anderen Götter“ in Betracht zu ziehen.

   Das heißt: „Ich, dein Gott behaupte, dass du mit deinem eigenen Willen frei wählen kannst, aber in Wirklichkeit verlange ich von dir, dein Gehirn abzuschalten und keine Fragen zu stellen. Ich verlange absoluten Gehorsam, sonst geht es dir und deinen Nachkommen schlecht.“ (Es ist schon so, dass es die Kinder ausbaden müssen. Mehr davon im 4. Gebot.)

   Dann: Es hängt alles davon ab, wie sich meine Vorfahren verhalten haben. Falls die sündigten, dann kann ich ja nichts mehr daran ändern, weil es „die Schuld der Väter“ ist und ich schon „heimgesucht“ bin.

Ist das eine Art, sich die Liebe eines Menschen zu sichern? Machst du das mit deiner Familie, Kindern und Freunden auch so?

2. **Du sollst den Namen des Herrn, deines Gottes, nicht missbrauchen, denn der Herr wird den nicht ungestraft lassen, der seinen Namen missbraucht.**

   Schon wieder eine Drohung! Wenn du nicht tust, wie ich dir sage, dann wirst du bestraft! Diesmal bist du auf deine Fantasie angewiesen, was die Strafe anbelangt. Aber der Fundus der Bibel ist unerschöpflich. Du kannst wählen zwischen Siechtum und ewiger Verdammnis in der Hölle.

   Wie kann ich einen Namen missbrauchen? Indem ich z.B. eine Meinung äußere, oder eine These aufstelle und behaupte, Gott habe das gesagt? Das ist doch genau das, wovon die Bibel nur so wimmelt.

3. **Du sollst den Feiertag heiligen.**

   Der Sabbat (Samstag) spielt in der jüdischen Religion eine große Rolle. Gott hat die Welt in 6 Tagen erschaffen und am 7. Tag hat er geruht und sein Werk mit Wohlwollen betrachtet. Die Christen haben das übernommen und den Sonntag daraus gemacht. Allerdings „musste" jeder diesen Tag mit Gott in der Kirche verbringen.

   Das ist natürlich schön für uns, dass wir einen Ruhetag bekommen haben, um „freiwillig" den Tag des Herrn zu ehren. Sonst würden wir ja nur noch arbeiten. Anscheinend musste man früher eine Ruhepause, die doch jedem Mensch nach der Arbeit zusteht, mit Gott rechtfertigen.

   Was würde sich in der Arbeitswelt ändern, wenn wir keine christlichen Feiertage mehr hätten?

4. **Ehre deinen Vater und deine Mutter, auf dass du lange lebst in dem Lande, das der Herr, dein Gott, dir geben wird.**

Dieses Gebot ist eines, das ich lange nicht verstand und das mir das Leben sehr schwer machte. Es stimmt wirklich, dass es bis ins dritte und vierte Glied die Kinder betrifft, aber aus anderen Gründen, als die Bibel sagt.

Warum werden hier die Eltern speziell hervorgehoben? „Ehren" hat mit Achtung und Anerkennung zu tun. Warum aber speziell die Eltern und nicht alle Menschen? Wenn ich das erste Gebot anschaue, dann frage ich mich, weshalb ich Eltern ehren soll, die dafür gesorgt haben, dass ich „heimgesucht" werde?

Dieses Gebot wäre besser verständlich, wenn es heißen würde **ehre das Schicksal von Vater und Mutter.**

Es hat damit zu tun, dass wir uns nicht einmischen sollen in das Leben und das Schicksal unserer Eltern. Ohne es zu wissen, tun wir es aber doch, indem wir die Ängste und Konflikte unserer Eltern übernehmen. Manchmal sogar die Ängste der Großeltern oder Urgroßeltern. Ganz besonders stark sind Gefühle im Zusammenhang mit Verstorbenen. Unser Gehirn arbeitet hier wieder völlig eigenständig. Wir wissen nichts, aber wir spüren die Energie und reagieren darauf.

Wir sind prinzipiell auf „Leben" programmiert, aber durch gewisse Umstände kann sich das ändern.

Wenn z.B. deine Großmutter starb, als deine Mutter noch ein Kind war, dann sehnt sie sich nach ihrer Mutter und denkt vielleicht sogar an Selbstmord. Diese Todessehnsucht deiner Mutter fühlst du als ihr Kind und es macht dir große Angst. Dein Gehirn arbeitet wieder eigenständig und bietet dir an, dich für deine Mutter zu „opfern", weil du sie ja liebst und nicht verlieren willst. Lieber stirbst du für sie.

Diese Vorgänge sind dir nicht bewusst, du bist hier völlig unwissend, aber du reagierst. Eine mögliche Reaktion ist, dass du auf deine Mutter eine Wut hast und sie nicht lieben kannst. Durch diese Wut mischst du dich in ihr Leben ein und machst ihr unter Umständen nicht nur Vorwürfe, sondern verurteilst sie auch.

Für dich ist es eine ganz schlimme Sache, weil du dem Leben wenig abgewinnen kannst und unter Umständen auch Selbstmordgedanken hast, die sich sogar auf deine Kinder übertragen können. Diese Angst, die sich bei dir als Wut auf deine Mutter äußert, hindert dich daran, das Leben zu genießen und deine Kinder leiden dadurch auch. Hier wird ganz deutlich, wie sich Energien auswirken.

Was kann man tun, um diesen Teufelskreis zu verlassen?

Versuchen herauszufinden, woher deine Angst oder Wut kommt. (Zum Beispiel in einer Familienaufstellung nach Bert Hellinger.) Ich frage mich, ob die Autisten nicht durch ihre Familiengeschichte so sind. Man müsste nachforschen, was Menschen dazu bringt, ihr Gefühl völlig abzustellen, wie Autisten das machen. Vielleicht gab es in diesen Familien so starke Verletzungen, dass ein Leben mit Gefühl nicht tragbar wäre?

Wir dürfen uns nicht zum „Richter“ der Eltern machen und dadurch ihre Schuld tragen. Wir müssen den Eltern „zugestehen“, dass sie ihre Bürde selber tragen. Wir sollten die Eltern als Eltern lieben und eine klare Trennlinie ziehen zwischen ihrem Verhalten zu uns und ihren Taten anderen Menschen gegenüber. (Viele Kinder von Nazis haben hiermit ein großes Problem, weil sie den Nazi verurteilen und damit den Vater verlieren.)

Wenn du das geschafft hast, dann bist du frei, dein eigenes Leben zu leben. Dann bist du wirklich „Wiedergeboren“. Du lebst dann nicht mehr stellvertretend das Leben deiner Eltern oder Vorfahren, sondern tatsächlich dein Eigenes. Durch diese Erkenntnis kannst du Vater und Mutter ehren und lieben. Die Auswirkung auf dein Leben wird umwerfend sein!

5. **Du sollst nicht töten.**

Was für ein Hohn! Die Bibel ist voll von mörderischen und blutrünstigen Schlachten. Dieser „einzige Gott" schlachtet ganze Völker ab, um sein „auserwähltes Volk" ins „gelobte Land" zu führen. Er gibt auch die Anweisung, die Heiden zu bekehren, oder umzubringen. Dann tötet er wieder alle Menschen in einer Sintflut, weil sie schlecht sind. Und ausgerechnet dieser „mörderische Gott" soll uns Menschen befehlen, nicht zu töten.

Gemäß unseren Gesetzen wird das Töten eines Menschen, also Mord, nicht toleriert und der Täter bestraft. Obwohl dieses Gebot eindeutig zu sein scheint, hat es eine große Hintertüre. In einem Krieg wird darauf keine Rücksicht genommen. Da wird es sogar vom Staat befohlen.

Also ist es doch erlaubt, weil wir seit Jahrtausenden genau das machen. Wir bekämpfen uns und bringen alle um, die nicht das glauben was wir für richtig halten. Noch heute gibt es auf der ganzen Welt Glaubenskriege.

Im nahen Osten bekriegen sich Israel und Palästina, weil sie die heilige Stadt Jerusalem für sich beanspruchen. In Irland bekriegen sich Katholiken und Protestanten, fügen sich unsagbares Leid zu und töten sich gegenseitig. In Jugoslawien bringen sich ganze Völkergruppen gegenseitig um. Alles nur wegen dem „richtigen Glauben".

Wenn wir uns bewusst machen, wie die Vergangenheit unserer Familie auf uns wirkt, dann kann man sich etwa vorstellen, dass in Israel und Palästina seit Jahren nur verletzte Kinder auf die Welt kommen. Diese Kinder können keine liebenden und versöhnlichen Erwachsenen werden, weil sie tatsächlich die Ideen und Gefühle ihrer Vorfahren übernehmen und leben. Wenn die Energien nicht verändert werden, wird es dort nie eine Versöhnung geben.

Krieg führen ist einfach, aber versöhnen kann man nur mit Liebe und Verständnis.

Ich denke an die Inquisition und die Hexenverfolgungen, wo scharenweise unschuldige Menschen, darunter Tausende von Frauen, „im Namen Gottes“ gefoltert und grausam ermordet wurden, weil es der Kirchenobrigkeit so gefiel.

Ich denke an die Todesstrafe, die heute noch in vielen Ländern praktiziert wird. Allen voran in Amerika, das sich mit Mr. Bush an der Spitze dazu berufen fühlt, der Welt Demokratie und Freiheit zu bringen. Da spielt es keine Rolle, dass Menschen getötet werden. (Leider ist dieser Präsident eben auch in seinem Familienclan verbunden und handelt gemäß seinen Ängsten, die ihm nicht bewusst sind.)

Dieser „Befehl“ würde Sinn machen, wenn wir das Leben als ein Geschenk betrachten und dieses Gebot ausnahmslos auf alle Menschen anwenden würden.

6. **Du sollst nicht Ehebrechen**

Diese Anweisung ist auch so eine Sache. Warum ist es nötig, dass Menschen verheiratet sind? Aber natürlich nur Mann und Frau, weil gleichgeschlechtliche Liebe Sünde ist! Liegt der Sinn vielleicht darin, dass man dadurch die Frau dem Manne besser untertan machen kann? Jahrhunderte lang hat man die Frau als „niedriges Wesen“ betrachtet, der man weder Verstand noch Gefühle zugestand.

Sind die Menschen wirklich monogam veranlagt? Meiner Meinung nach nicht. Es ist eher so, dass wir unsere Zu- und Abneigung im Laufe eines Lebens verändern. Das hat mit unserer „Festplatte“ und den „neuen Dateien“ zu tun. Dabei bleibt es eben nicht aus, dass sich unsere Prioritäten - und damit auch unsere Gefühle ändern.

„Bis dass der Tod euch scheidet“ kann man auch so sehen. Wenn ich meinem Partner nichts mehr geben kann, dann ist die Sache tot und ich muss sie abschließen.

Warum soll das schlecht sein? Ist es nicht viel schlimmer, wenn ich so tue als ob ich meinen Partner noch lieben würde? Ist es nicht für uns und unsere Umgebung besser, wenn wir eine Sache, die keine Aussicht auf Erfolg hat, einfach beenden und etwas Neues anfangen?

Dieses Gebot wurde ja lange einseitig gegen Frauen verwendet. Nämlich dann, wenn ein verheirateter Mann ein Verhältnis mit einer ledigen Frau hatte. Dann wurde meistens die Frau dafür verantwortlich gemacht und sie musste die ganze Schuld tragen. Wenn sie zu allem Übel auch noch schwanger wurde, dann wurde sie verstoßen und verdammt. Schlimmer noch, das uneheliche Kind war stigmatisiert und ein Bastard.

Zum Glück hat sich das heute geändert.

7. **Du sollst nicht stehlen**.

Dieser Befehl ist sicher jedem von uns eingetrichtert worden. Wir müssen uns aber vergegenwärtigen, was es wirklich heißt. Als Kind hatte ich eine Phase des Stehlens. Ich fühlte mich ungeliebt und wertlos. Die anderen Kinder hatten alles und ich hatte nichts. Also habe ich mir die Dinge, die mir fehlten „angeeignet".

Das ist auch der Hintergrund zu diesem Gebot. Wenn ich mir durch Stehlen die Dinge von anderen Menschen aneigne, dann verleugne ich meine eigene Identität und lege mir einen Persönlichkeitsanteil von jemand anderem zu.

Dieses Gebot sagt eigentlich, dass ich mich lieben und akzeptieren soll. Wenn ich mich annehme, dann brauche ich mich nicht mehr mit den Persönlichkeitsmerkmalen von anderen zu schmücken, weil ich dann meinen eigenen Wert habe und wertvoll, also „voller Wert" bin.

Jeder Dieb sollte sich das vergegenwärtigen und darüber nachdenken.

8. **Du sollst nicht falsch Zeugnis reden wider deinen Nächsten**

Hier geht es wieder um meine eigene Identität. Warum lüge ich? Was hindert mich daran, die Wahrheit zu sagen? Ist es nicht deshalb, weil ich nicht zu mir resp. zu meinen Taten stehen kann? Im Prinzip schon, aber hier muss man differenzieren.

Im täglichen Leben haben wir manchmal das Gefühl, dass wir lügen „müssen". Manchmal, weil wir jemanden nicht verletzen wollen, oder jemanden schützen wollen.

Egal warum, ich muss mir aber bewusst sein, dass ich bei Unwahrheit immer nur mir selber schade. Nur ich weiß, dass ich gelogen habe. Der Angelogene hat in den meisten Fällen keinen direkten Nutzen von meiner Lüge.

In der Regel ist es besser und weniger anstrengend die Wahrheit zu sagen.

9. **Du sollst nicht begehren deines Nächsten Haus**.

Sei mit dem zufrieden, was du hast! Der Neid ist aber leider eine menschliche Eigenschaft, die uns eigentlich Kummer bereitet. Kummer deshalb, weil wir uns bei Neid immer etwas schlecht fühlen. Unsere Gedanken und Gefühle werden von negativen Dingen blockiert. Wir beschäftigen uns mit etwas, das uns im Grunde genommen gar nichts angeht. Wir werden dann „grün und gelb vor Neid" und eventuell sogar krank.

Darum sagt dieses Gebot nur, dass es für uns und unsere Galle besser ist, wenn wir damit zufrieden sind was wir haben.

10. **Du sollst nicht begehren deines Nächsten Weib,** Knecht, Magd, Vieh noch alles, was dein Nächster hat.

Ob ich das Haus oder die Frau meines Nachbarn begehre, spielt keine große Rolle. Es ist für mich immer eine schmerzhafte Ablenkung von mir selber, weil hier „begehren" nicht sexuell, sondern im Sinne von Neid verstanden wird. Neid ist immer ein unangenehmes Gefühl. Deshalb lenke ich einen großen Teil meiner Energie auf etwas anders. Wenn mir hingegen meine ganze Energie zur Verfügung steht, dann kann ich mir und meinen Mitmenschen besser zur Seite stehen.

Es gibt wirklich viele gute Anweisungen in der Bibel. Allen voran die Botschaft von der Liebe. Jesus war ein Mensch, der das erkannt hat.

Umgekehrt gibt es auch viele Schilderungen von Kriegen, die heute noch als Rechtfertigung dafür dienen, dass wir andere Völker unterdrücken und Menschen ermorden.

Die Bibel gibt auch Antworten zu Fragen, die uns bewegen. Was passiert mit uns, wenn wir tot sind?

Die Antwort der Bibel ist, dass wir entweder ins Paradies oder in die Hölle kommen. Das ist in meinen Augen eine große Anmaßung und der Grund für die Angst vieler Leute.

Die Offenbarung nach Johannes, die Apokalypse, ist wieder so ein Einschüchterungsversuch, der bei vielen Menschen ganz starke Ängste auslöst. Natürlich ist der Verfasser unbekannt, aber er hatte eine schmutzige und mörderische Fantasie.

Die Wahrheit ist, dass kein Mensch weiß, woher wir kommen und wohin wir nach unserem Tod gehen!

Ob Gott uns erschaffen hat, oder ob Lebewesen eines anderen Planeten den Samen „Homo sapiens“ auf die Erde pflanzten, kann heute noch niemand mit letzter Gewissheit sagen.

Wir sind hier auf unseren Glauben angewiesen. Ich weiß, dass viele Gläubige nicht sicher sind, ob sie wirklich auf dem Pfade Gottes gehen. Darum haben sie Angst, dass sie nicht ins Paradies kommen. Auch hier wird wieder eine Energie freigesetzt, die uns mehr schadet als nützt.

Es gibt Menschen, die können mit Verstorbenen sprechen. Es gibt solche, die können sie hören oder fühlen. Ich glaube lieber daran, dass das Leben auch nach dem Tod weitergeht, aber anders als in der Bibel beschrieben.

Wie das wirklich sein wird, werden wir alle früher oder später herausfinden. Bis dahin werden wir uns damit begnügen müssen, dass es Mysterien gibt, die wir zu Lebzeiten nicht entschlüsseln können. Wenn schon glauben, dann lieber etwas, das uns Freude macht.

XIII.
Was für Rückschlüsse können wir aus den vorherigen Kapiteln ziehen?

Der Mensch hat sehr viele unterschiedliche Eigenschaften, die je nach Situation eingesetzt werden. Wenn du schon einmal an einem Selbsterfahrungs-Seminar warst, dann wirst du mir beipflichten, dass eine Gruppe eine Energie entwickeln kann, die sehr wirkungsvoll ist.

Oft entfalten die Teilnehmer durch diese Gruppendynamik eine gegenseitige Zuneigung, unabhängig von Rasse und Geschlecht, die für alle Beteiligten eine sehr schöne Erfahrung ist. Die Menschen umarmen sich und freuen sich, am Leben zu sein.

Kürzlich war ich wieder an einem Ehemaligentreffen im Kinderdorf Pestalozzi. Es war wunderschön, weil ich viele meiner „Brüdern und Schwestern“ traf, mit denen ich als Kind zusammen dort war. Ich durfte auch neue Bekanntschaften schließen mit Leuten, die vor meiner Zeit dort waren. Es war eine international zusammengewürfelte Gesellschaft aus Finnland, Griechenland, Korea, Algerien, Ungarn, Schweiz, Italien, Deutschland, England, Frankreich, Österreich und Tibet. Mir fiel auf, dass keiner von ihnen ein Problem mit „Ausländern“ oder der Religion eines anderen Kulturkreises hatte.

Warum? Weil wir als Kind diese „Energie“ gelebt haben, dass wir alle gleich sind. Es spielte nie eine Rolle, was der andere für eine Nationalität oder Religion hatte. Er war und ist ein Mensch wie du und ich. Diese Energie wurde so stark in uns eingepflanzt, dass sie heute noch wirkt.

Das sollten wir verbreiten.

Wenn hingegen die Menschen in den Krieg ziehen, dann entwickelt sich eine völlig andere Dynamik, die ebenso stark ist, nur in die andere Richtung.

Die Meldungen aus den Krisenherden dieser Welt sind immer gleich. Menschen foltern Menschen. Menschen erniedrigen Menschen. Menschen töten Menschen.

Ich weiß, dass viele Menschen auf dieser Welt schockiert waren, als die Folterungen der Amerikaner im Irak bekannt wurden. Eine Welle der Empörung ging durch alle Bevölkerungsschichten. Warum nur? Es ist doch allgemein bekannt, dass Gewalt wieder Gewalt erzeugt.

Diese Folterungen zeigen uns wieder ganz deutlich, dass der Mensch offensichtlich auf jede Art von Gruppendynamik reagiert. Wenn die Gruppe friedliche Absichten verfolgt, dann entsteht zwischen den Menschen Zuneigung. Wenn die Gruppe hingegen kriegerische Absichten verfolgt, dann wird der Mensch grausam und bösartig.

Im Jahre 1971 fand ein Experiment von Dr. Philip G. Zimbardo statt, das unter dem Namen Stanford-Gefängnis-Experiment traurige Berühmtheit erlangte. 24 freiwillige Studenten wurden in einem eigens dafür hergerichteten Gefängnis eingesperrt und wurden entweder zu „Gefangener“ oder zu „Strafvollzugsbeamter“.

Das für 2 Wochen geplante Experiment musste nach 6 Tagen abgebrochen werden, weil die „Wärter“ für die „Gefangenen“ ungeahnte sadistische Maßnahmen eingeführt hatten und die Situation zu eskalieren drohte. Christina Maslach, eine junge Doktorandin, war völlig bestürzt, als sie die Zustände in diesem Gefängnis sah. Diese junge Frau war die einzige Außenstehende, die ethische Zweifel äußerte. Dieser ethische Zweifel war der einzige Grund, dass das Experiment vorzeitig abgebrochen wurde.

Obwohl sich alle Studenten vor der Studie einem Test unterziehen mussten und die Einteilung in Gefangener oder Wärter zufällig erfolgte, war der Ausgang des Experiments eine große Überraschung.

Mich hat dieses Ergebnis sehr beunruhigt, weil ich annehmen muss, dass gemäß dem Gesetz der Gruppendynamik ich und die meisten Menschen aus meiner Umgebung in einer solchen Situation auch so handeln würden.

Das bedeutet dann, dass die Folterungen in den Konzentrationslagern, die Gräueltaten in Vietnam, Algerien, Irland, Jugoslawien, Irak, Afrika oder in jedem anderen Krieg, keine Ausnahmen waren.

In jedem von uns steckt diese Bestie und wird aktiv, sobald wir unter dem Einfluss der Energie einer bestimmten Gruppendynamik geraten.

Nicht nur im Krieg und in der Selbsterfahrungsgruppe kommt diese Gruppendynamik zum Vorschein. In unserem eigenen Leben wirken diese Energien, siehe 4. Gebot. Und selbstverständlich ist das auch in der Kirche so.

Wenn ich mir anschaue, wie viele Skandale es in der katholischen Kirche wegen Homosexualität und Pädophilie gibt, dann muss ich daraus schließen, dass viele katholische Priester nur deshalb Priester sind, weil sie ihre Neigung dort besser ausleben können. Ich habe in der Autobiografie eines früheren Priesters gelesen, dass im Vatikan der Sex mit einer Frau als Sünde gilt, der Sex mit einem Mann hingegen als „kleines Vergehen" betrachtet wird. Werden durch diese Einstellung nicht die Homosexuellen angezogen, die sonst nicht zu ihrer Veranlagung stehen können?

Ist das Zölibat nicht eine große Lüge und gegen die Natur des Menschen?

Hier möchte ich anmerken, dass ich keinen einzigen katholischen Priester persönlich kenne. Das muss ich auch nicht. Ich will auch nicht verallgemeinern, sondern nur meine Feststellung kundtun. Sicher gibt es auch in der katholischen Kirche Gläubige, denen es nur um die Liebe Gottes geht.

Obwohl sehr viele Gläubige Gott als einen liebenden, sorgenden und gütigen Vater ansehen, ist die Bibel leider nicht so.

Einige Gläubige sehen aber in der Bibel die Rechtfertigung für Krieg. Ich finde, dass die Bibel die Unterdrückung eroberter Völker und Rassen gutheißt. Wenn Mr. Bush sich als „wiedergeborener Christ" bezeichnet und täglich zur Bibelstunde geht, aber wegen dem Öl im Irak keine Hemmungen hat, Tausende Menschenleben zu opfern, dann ist das meiner Meinung nach auch das Resultat seiner Bibelgläubigkeit.

Warum auch nicht? Hat nicht Gott sein Volk aus der Sklaverei befreit indem er Plagen über die Ägypter brachte? Machen Israel und Palästina nicht das gleiche? Auge um Auge, Zahn um Zahn. Juden, Moslem und Christen berufen sich auf ihren Urvater Abraham und bekriegen sich deswegen. Sie befolgen nur, was in der Bibel geschrieben steht.

Damit muss jetzt Schluss sein. 2000 Jahre Krieg und Gewalt im Namen unserer Religionen ist genug. Wir müssen und können hier und heute damit aufhören. Wir dürfen uns nicht wieder in einen Religionskrieg ziehen lassen. Egal, was für Gräueltaten Christen oder Moslem auch angerichtet haben. Gewalt ist keine Lösung, weil es nur Schmerzen verursacht. Unsere Welt braucht aber Liebe, damit sie geheilt wird.

XIV.
Braucht der Mensch überhaupt Religion und wenn ja, wozu?

Religion kommt aus dem Lateinischen „religio“ und heißt „Rücksichtsvolle Beachtung“. Ist das wirklich so? Schenken sich gläubige Menschen rücksichtsvolle Beachtung? Das kann sehr wohl sein, aber eher nur in ihrer eigenen religiösen Gruppe. Anderen Religionen gegenüber können sie das aber nicht mehr, weil in der Bibel steht, dass es nur den einen Gott gibt. Aber schon unter den christlichen Gruppierungen gibt es diese rücksichtsvolle Beachtung nicht mehr.

Oder hast du schon einmal gehört, dass Zeugen Jehovas, Heilsarmisten und Mormonen einen gemeinsamen Gottesdienst feiern? Es gibt unheimlich viele christliche Untergruppen, die sich alle auf die Bibel berufen und ihre eigene Wahrheit verkünden.

Natürlich gibt es eine Ökumene, die nicht mehr nach Kirchenzugehörigkeit fragt. Aber, ich habe festgestellt, dass die Auslegung der Religion an vielen Orten dieser Welt viele Menschen unglücklich macht. Religion bringt oft rigorose Gebote und Verbote mit sich. Wir werden angehalten demütig zu sein, uns zu beugen und uns klein zu machen.

Die Kirchen sind alle „in den Himmel“ gebaut, dass man sich darin winzig vorkommt. Man kniet beim Beten und wird dadurch noch kleiner.

Die Menschen werden in ihrer Privatsphäre bevormundet und dadurch wird bei vielen ein schlechtes Gewissen eingepflanzt. Manche Regeln sind einfach unmenschlich.

Ich denke hierbei an das Zölibat in der katholischen Kirche oder die Kleidervorschriften für Frauen in einigen islamischen Staaten. Die Heilsarmee ist sogar organisiert wie eine richtige Armee. Mit Offizieren und Generälen. Ihre Uniform ist auch entsprechend.

Wenn ich eine dunkelblaue Uniform mit einem roten Band am Hut sehe, dann weiß ich, dass das die Heilsarmee ist. Wenn ich 2 Männer in Anzug mit weißem Hemd sehe, dann weiß ich, dass die Mormonen unterwegs sind. Die Zeugen Jehovas erkenne ich daran, dass sie mir den Wachtturm verkaufen wollen.

Für mich hat jede Uniform nur den Zweck, den Menschen als Individuum zu verwischen und unter das Dach einer Idee und einer bestimmten Energie zu stellen. Durch die Uniform – sei das im Militär, bei den Pfadfindern oder in der Kirche – verliert der Mensch seine Persönlichkeit und Mündigkeit. Durch die Uniform wird jeder Mensch ein undefinierbarer Teil einer „Sache". Von vielen Stellen wird das nicht nur befürwortet, sondern gewünscht.

Was wäre das Militär, wenn jeder Soldat in seinen eigenen Kleidern in den Krieg müsste? Die Soldaten könnten „den Feind" nicht mehr von den eigenen Leuten unterscheiden und könnten auf die Idee kommen, Menschen als Freund anstatt als Feind zu betrachten. Der ganze Feldzug wäre somit hinfällig, weil sinnlos.

Was wäre ein Pfarrer ohne sein langes Gewand? Ich könnte ihn für einen „normalen Menschen" halten und ihn nach seinen Taten anstatt nach seinen (schein)heiligen Worten beurteilen.

Meine Antwort ist, dass wir keine Religion und keine Kirche brauchen. Wir brauchen aber den Glauben, weil wir nicht alles wissen. Wir müssen uns aber „bewusst" werden, welchen Energien wir unterworfen sind.

Ist es für unser Leben denn maßgebend, von wem wir erschaffen wurden? Nein, denn wir sind trotzdem die, die wir sind.

Wir müssen aber genau hinsehen, damit wir erkennen. Jeder Mensch ist von seiner Vergangenheit und seiner Familie beeinflusst. Nicht jeder Mensch kann die Dinge so erledigen wie du. Darum ist es auch unsinnig, von jedem Menschen deine Art der Handlung zu erwarten.

Bevor du deine Mitmenschen kritisierst, solltest du überlegen, dass sie – genau wie du – so handeln, wie sie es für richtig halten resp. wie es ihnen ihr Gehirn vorgibt.

Die einzige Schlussfolgerung kann darum nur sein; Glauben ist wichtig, **christliches Dogma ist unnötig.**

Jeder Mensch ist gut so, wie er ist.

XV.
Was könnte passieren, wenn wir der vorhandenen Dynamik eine andere Wendung geben?

Hast du dich auch schon über die Zufälle in deinem Leben gewundert? Ich finde, dass wir nur durch den Zufall lernen. Zufall heißt ja, dass mir etwas zufällt, das ich jetzt brauchen kann.

Wenn du anfängst dich mit einem Thema zu beschäftigen, dann triffst du durch „Zufall“ nur noch Leute, die dir dazu etwas zu sagen haben. Es sieht so aus, als ob dieses Thema auf deiner Stirne eingraviert wäre. Es fällt dir einfach dann zu, wenn du es brauchst.

Für mich zeigt das, dass wir die Energien anderer Menschen spüren und darauf reagieren. Fast sieht es so aus, als ob ich jene Menschen anziehe, die mir zu meinem Thema etwas zu sagen haben.

Der Mensch braucht keine Kirche, aber er muss seinen Glauben in die richtige Richtung lenken. John Lennon sagte ganz richtig; alles was du brauchst ist Liebe.

Ja, dein Glaube kann Berge versetzen!

Unser Körper besteht zu einem großen Teil aus Wasser. Der Rest ist Mineralien, also Erde. Wir sind ein Teil des Meeres und der Erde. Das Wasser und die Erde ist ein Teil von uns. Wir sind im Geiste miteinander verwoben. Die Natur reagiert auf uns und wir reagieren auf die Natur. Deine Pflanzen reagieren auf deine Liebe und Fürsorge, indem sie wachsen und gedeihen. Wenn du sie vernachlässigst, gehen sie ein.

Den Menschen geht es auch so. Ohne Liebe und Zuneigung verkümmert ihre Seele und sie sterben innerlich ab.

Natur und Menschen sind alle irgendwie miteinander verwandt und kommunizieren auf einer geistigen Ebene.

Wasser kommuniziert, indem es Gedanken transportiert. Das wussten die Homöopathen schon früh. Sie heilten die Menschen mit der Seele des Giftes. Sie verdünnten den Wirkstoff so lange, bis nur noch der Geist der Droge, also reine Energie, vorhanden war. Es wirkt auch heute noch.

Ich habe einmal gelesen, dass diverse Experimente gemacht wurden über Energie und Dynamik. In Amerika, wo in manchen Stadtteilen die Kriminalität sehr hoch ist, kamen Menschen zum Gebet zusammen. Was diese Menschen gebetet haben, weiß ich nicht, aber anscheinend etwas Positives, weil dadurch in einem bestimmten Umkreis die Kriminalitätsrate sank.

In einer Dokumentation über PSI hörte ich, dass bei der Beerdigung von Prinzessin Diana weltweit Millionen von Menschen in eine große Trauer verfielen. Diese „traurige Energie" war so groß, dass man sie messen konnte.

Warst du schon an einem Rockkonzert? Die Musik geht nicht nur dir sondern allen Anwesenden „ins Blut". Du hüpfst und klatschst und bist völlig ausgelassen. Wenn du dann daheim nur die Musik anhörst, ist es völlig anders. Die Musik ist immer noch schön, aber ohne die Gruppendynamik des Konzerts scheint etwas zu fehlen.

Es ist diese Art von Gruppendynamik, welche mir vorschwebt. Bedenke, dass jeder Gedanke eine geistige Energie ist, die irgendwo eine Wirkung erzielt. Du nimmst diese Energie oft als Gefühl wahr. Darum musst du nur dein Gefühl aktivieren. Eine unglaublich starke Energie ist die Liebe. Wenn du frisch verliebt bist, ist die Welt in Ordnung. Alle Menschen erscheinen dir viel netter. Das ist auch so, weil du eine Energie ausstrahlst, die ansteckend ist.

Diese glückliche Energie kannst du aktivieren, indem du dich auf schöne und positive Gedanken konzentrierst. Jedes „Erfolgserlebnis" deines Lebens kannst du dir in Erinnerung rufen.

Scarlett O'Hara im Film „Vom Winde verweht" hatte auch ein tolles Rezept. Immer wenn sie vor einem schier unlösbaren Problem stand, verschob sie die Beschäftigung mit diesen Sorgen auf „morgen". Heute wollte sie sich nicht damit belasten.

Das heißt keineswegs, dass du „Problemen" aus dem Weg gehen sollst. Es heißt nur, dass Sorgen eine Eigendynamik entwickeln können, die dir mehr schaden als nützen.

Muss ich mir Sorgen machen, ob ich irgendwann meine Stelle verliere? Nein. Solange ich meine Stelle habe nützt mir das nichts. Ich baue aber mit diesen Gedanken eine Energiekette auf, die mir vielleicht das Leben versauert. Wir kennen die Zukunft nicht, aber wir können sie mit unseren Gedanken beeinflussen.

Ich habe die Erfahrung gemacht, dass es sich auf diese Art leichter Leben lässt. In der Schweiz werden die Steuern nicht vom Lohn abgezogen. Jeder Schweizer muss selber dafür sorgen, dass er den geschuldeten Steuerbetrag von seinem Lohn zusammenspart. Vor einigen Jahren hatte ich größere Ausgaben und mir war klar, dass ich die Steuern nicht termingerecht würde bezahlen können. Das dafür benötigte Geld hätte ich unmöglich innerhalb von 2 Monaten auftreiben können.

Ich machte mir Sorgen. Mein erster Gedanke war natürlich: Soll ich am Wochenende als Kellnerin arbeiten? Soll ich abends putzen gehen? Soll ich meine Ausgaben einschränken? Ich fühlte mich schrecklich.

Dann riss ich mich zusammen und hörte auf mir Sorgen zu machen. Ich sprach mir Mut zu und sagte mir, dass die Lösung schon „kommen würde". Von da an fühlte ich mich wieder gut.

Die Lösung ließ auch nicht lange auf sich warten. Mir wurde im Geschäft eine zusätzliche Arbeit angeboten und dafür bekam ich einen Bonus. Ich brauche wohl nicht zu betonen, dass es genau der Betrag war, der mir für die Steuern fehlte.

Es braucht etwas Übung, aber du kannst es auch.

Jeder Mensch kann sich an besonders schöne Dinge in seinem Leben erinnern. Du kannst dir zum Beispiel in Erinnerung rufen was du für ein Gefühl hattest, als du verliebt warst. Weißt du noch, wie schön das war? Dieses Herzklopfen, dieses prickelnde Gefühl im Magen? Diese wunderschönen Wogen der Wärme, die durch deinen ganzen Körper rieselten? Dieses herrliche Kribbeln, das deine Wirbelsäule rauf und runter schoss?

Du kannst dir in Erinnerung rufen, wie sich das anfühlte, als du eine wichtige Prüfung mit Erfolg bestanden hattest. Du kannst dir deinen schönen Urlaub in Erinnerung rufen und die warme Sonne auf deiner Haut spüren.

Denke an solche Dinge und du wirst die Welt verändern. Deine Energie kann wirklich einen neuen Quantensprung auslösen. Wie die Flügelschwingungen eines Schmetterlings, die einen Orkan auslösen können.

Du kannst das im stillen Kämmerlein machen oder du kannst dich auch einer Gruppe anschließen und zusammen meditieren. In einer solchen Gruppe werden auch Energien freigesetzt, die uns sehr gut tun. Je öfter du das machst, um so mehr verbreitet sich diese schöne Energie in deiner Umgebung.

Ich möchte alle Menschen bitten, sich folgendes Bild zu visualisieren.

Denke an jemanden, den du sehr gerne hast. Dein Kind, deine Mutter, deinen Vater, deine Schwester, Bruder, Großvater, Tante oder sonst jemand aus deinem Freundes- oder Bekanntenkreis.

Nun stelle dir vor, dass du diese Person an der Hand hältst. Spüre seine Wärme, wende dich in Gedanken zu ihm und jetzt lasse dein liebendes Gefühl zu ihm fließen. Male es dir aus wie einen Lavastrom oder eine Wurzel, die aus deiner Hand herauswächst. Nun stelle dir vor, dass dieser Mensch auch jemanden an der Hand hält und seinem Nachbarn sein liebendes Gefühl weitergibt. Dieser Mensch hält auch jemandes Hand und macht das gleiche.

So bilden wir in Gedanken eine Kette, die aus purer Liebe besteht. Es ist wie Strom, der durch die Leitung fließt. So umschließen wir die Erde mit Liebe. Energie an und für sich ist nicht sichtbar, aber die Auswirkung sehr wohl.

Du kannst das auf der Straße machen, indem du jedem Menschen, der dir entgegenkommt ein Gefühl der Liebe sendest. Du kannst das machen, indem du ihm in Gedanken einen Blumenstrauß gibst, oder nur das Wort Liebe schickst.

Damit verbreitest du um dich eine Aura der Liebe. Das Resultat wird sichtbar und spürbar sein. Du wirst dich gut fühlen. Deiner Fantasie sind keine Grenzen gesetzt, wie du das machen sollst.

Außerdem solltest du dir angewöhnen, jeden Menschen, dem du begegnest als in seinem eigenen Schicksal verwoben zu betrachten. Jeder Mensch unterliegt den Energien seiner Herkunftsfamilie und ist durch sein Schicksal geprägt. Er hat seine eigenen bewussten und unbewussten Ängste und handelt dementsprechend. Wir dürfen ihn deswegen nicht verurteilen.

In einem Buch von Jürgen Fliege und Masaru Emoto habe ich eine einfache, aber geniale Idee gelesen. Zuerst wurde der 25. Juli als der Welttag der Liebe und des Dankes für das Wasser ausgerufen. Dann wurden die Leser auf der ganzen Welt aufgefordert, am 25. jeden Monats um 7 Uhr, um 13 Uhr und um 19 Uhr während einigen Minuten mit liebenden Worten das Wasser aufzuladen. Du kannst auch mitmachen, weil es so leicht ist. Markiere doch den 25. in deinem Kalender und erzähle es den Leuten in deiner Umgebung. Kannst du dir vorstellen, wie sich die Energien um uns herum potenzieren, wenn Millionen von Menschen gleichzeitig den Gedanken der Liebe verbreiten?

Stell dir nur vor, wie das die Welt verändert. Das hat nichts mit Hippie und Flower Power zu tun, obwohl der Grundgedanke gleich ist. Es hat damit zu tun, dass wir geistige Wesen sind und uns diese Energie zunutze machen können.

Überall auf der Welt werden sich die Menschen in Liebe und Respekt begegnen. Zu diesem Experiment braucht man keinen Gott oder Allah, denn dieses Gefühl der Liebe und Zuneigung ist eines unserer „Grundprogramme“, welches auf unserer Festplatte installiert ist. Wir müssen uns das nur bewusst machen. Wir können es. Wir sind in der Welt und die Welt ist in uns.

Dann haben die Herren Politiker dieser Welt keine Chance mehr, irgendwelche Kriege zu führen, denn das Gefühl der Liebe wird auch sie erreichen. Lasse dich nicht von Leuten demoralisieren, die dich für einen Fantast halten.

Fange heute damit an, diese Welt zu einem liebenden Ort zu machen. Lass deine Liebe in alle vier Himmelsrichtungen fließen und schicke diese Liebe jedem Menschen, dem du begegnest. Du kannst es und ich kann es.

Eine Bitte habe ich noch. Bitte glaube nicht, dass du von heute auf morgen ein neuer Mensch werden musst. Verlange nicht von dir, dass du ab sofort nur noch alle Menschen lieben „musst“. Du darfst weiterhin so sein wie bis anhin und ruhig wütend werden und manchmal über andere Menschen schimpfen. Das bringt oft eine momentane Erleichterung.

Du bist so, wie du bist und das ist gut!

Wenn du keine Forderungen stellst, sondern dich mit angenehmer Energie umgibst, dann hast du schon den Weg angefangen. Du wirst feststellen, dass die Änderung in kleinen Schritten kommen wird. Es geht nicht darum, dass du dich zu etwas zwingen sollst, sondern um eine „Grundeinstellung“. Die Einstellung, dass jeder Mensch gut ist, wie er ist.

ZUSAMMENFASSUNG

- Ob wir von Gott erschaffen wurden oder nicht, ist unwichtig, weil **wir sind, wie wir sind**.
- Wir wollen unsere Mitmenschen lieben und von ihnen geliebt werden.
- Jeder durchschnittliche Mensch, der nicht irgendeine Krankheit oder Verletzung hat, besitzt das „Programm“ Liebe und Mitgefühl.
- Dein Glaube allein ist wichtig und kann dein Leben verändern.
- Werbung im Fernsehen kann unerwünschte Energien verbreiten.
- Liebe allein heilt den Menschen und macht ihn glücklich.
- Dein Gefühl ist ausschlaggebend. Wenn du Hilfe brauchst, hole sie dir.
- Achte das Schicksal jedes Menschen und lasse es ihn selber tragen.
- Jeder Mensch handelt so, wie er es für richtig hält.
- Behandle jeden Menschen so, wie du selber behandelt werden möchtest.
- Übe mit jedem Menschen Geduld und betrachte ihn als Einzigartig.
- Der Mensch ist ein geistiges Wesen und reagiert auf die Energie in seinem Umfeld.
- Achte bei deinen Kindern, welchen Worten und Energien sie ausgesetzt sind.

- Diese Energie kann jeder von uns beeinflussen und in jede bestimmte Richtung potenzieren! Also auch du!

- Du kannst hier und heute dein persönliches Experiment der Liebe starten, indem du dich und dein Schicksal akzeptierst.

- Verbreite deine liebende Energie dadurch, dass du dich konzentrierst. Ob du es beten oder meditieren nennst ist unwichtig, aber tun musst du es.

- Am 25. jedes Monats kannst du um 7 Uhr, um 13 Uhr und um 17 Uhr das Wasser mit Liebe aufladen und dir vorstellen, wie sich diese Energie in schillernden Farben über die Welt verbreitet.

- **ACHTE AUF LIEBENDE WORTE UND GEDANKEN!** Sie sind der Schlüssel zum Erfolg.

Ich wünsche dir ein glückliches und friedvolles Leben.

ICH BIN

So wie ich bin, ist nicht was ich mache;
so wie ich bin, ist mehr wie ich lache.

Auch wer ich bin, ist nicht was ich sage,
denn was ich auch sage, stellt jemand in Frage.

Nur, dass ich bin, allein ist's was zählt,
ich bin der ich bin, ich hab' mich gewählt.

So lasst mich nur sein, denn Sein nur allein,
ist alles was ist, der Rest ist nur Schein!

Gedicht von David T., 4.6.2000

EX NIHILO (Aus dem Nichts)

Das Wort trat an zu schaffen
Gegebenheiten, aus dem Nichts
ward der Kräfte Macht geboren,
die des Schattens, die des Lichts.

Ein Feuersturm der Urgewalten,
ein Bild von Göttermacht gegeben,
ließ des Wortes Ordnung spalten
und trat an zu sein: das Leben.

Das Leben wie wir all' es kennen,
mit seinen Seiten, gut und schlecht.
Wie's all' uns in der Seel' lässt brennen,
frenetisch, heiter, ungerecht,

voll Widerspruch und bitt'rer Not,
voll Übel, Abscheu, Qualen,
getränkt von all dem Blute rot
und doch, voll Sonnenstrahlen.

Voll Gut und Böse, Schwarz und Weiß,
von Niemandem erbeten,
so regnete das Leben einst
auf unseren Planeten.

Da sitzt er nun, der Schöpfung Krone,
beauftragt mit nur einem Ziel,
dass er derselben innewohne
und lebe so wie's Gott gefiel.

Mit all genannten Widrigkeiten
von denen er nicht wissen konnte,
den Mühen und den Schwierigkeiten
als er im Paradies sich sonnte,

ward er ein Pilger, vollbeladen
mit Wissen und Gewissensbissen.
Ließ aus dem „Garten“ sich verjagen,
erniedrigt und vom Stolz zerrissen.

So wandert er umher auf Erden,
herabgeworfen in die Qual,
sucht seinen Platz wo er kann werden,
durchwandert er das finst’re Tal

und sucht unentwegt zu finden
sein Schicksal oder Glückes Los,
zu stillen sein gar groß’ Verlangen
nach Macht, nach Ruhm, nach was denn bloß?

Da liegt des Pudels Kern begraben,
sofern der Dichter mir erlaubt
es mal mit Goethes Wort zu sagen.
Der Sinn des Lebens ward geraubt!

Die ganze Welt in Teufels Macht,
erschaffen von dem einen Gott,
der all das Leben hat gemacht?!
Es scheint man rieche den Komplott!

Als bunter Spielball der Gewalten
mit all den lust'gen Menschen drauf,
die sich bekriegen und ausschalten!
„Na komm schon, kleines Menschlein, lauf!“

Ein Spiel, das ist es, wie es scheint,
auf Kosten der Versuchskaninchen.
„Dabei war’s doch so gut gemeint!“
Zum bösen Spiel ein gutes Mienchen.

Des Lebens Schuldner selbst wir sind,
demselben zahlend die Gebühren.
Zwar fähig Gutes zu erkennen,
doch unfähig es auszuführen.

Und wenn's passiert, dann nur im Kleinen,
versteckt vor all den Augenpaaren,
die Welt gehört heut' den Gemeinen
und wird's auch in den nächsten Jahren.

Nach vorn zu streben, reich und mächtig,
lass zu Wahrheit selbst dich werden,
zerschmett're die, die klein und schmächtig
und die sich nicht wie du gebärden!

Erob're Land, mach fette Beute,
sei erfolgreich, jederzeit!
Strebe nach der Gunst der Leute,
gegen Schwäche sei gefeit!

Nimm dir was du kriegen kannst,
besser gestern noch als heute!
Sei ein Raubtier auf der Pirsch,
sei ein Tiger, hetz' die Meute!

In der Nacht lieg auf der Lauer,
doch lächle stets am hellen Tag;
hat dein Opfer erst Vertrauen,
strecke es mit einem Schlag!

Nun frag' ich mich, kann es denn sein,
dass dies der Weisheit letzter Schluss?
Ich krieg's in meinen Kopf nicht rein,
dass jemand dafür leiden muss,

damit ich so mein Ziel erreiche,
damit ich von mir sagen kann:
„Seht her, jetzt bin ich an der Spitze,
seht her, ich bin der beste Mann“.

Wie kann ein Mensch, der Leiden kennt
den and’ren Menschen leiden lassen?
Wie kann ein Gott der Liebe denn
uns Menschen alle so sehr hassen,

dass er den Teufel selbst uns schickt,
dass dieser uns zum Bösen zwinge
und er mit ihm persönlich noch
um unser Menschen Seele ringe?

Was hab’ ich denn, da ich hier steh’
viel mehr in meiner Menschenhand,
als das, was ich bekommen habe:
mein Herz, die Seele, den Verstand.

Mit denen ich verstehen möchte,
die Welt in sich - für mich - erschließen.
Die bunt-fantast'schen Theorien
mit meinem Ratio auszuschließen,

sofern sie nicht zu tragen wären,
denn träumen sollst du ohnehin
nur Träume, deren du dir sicher,
dass sie auch zu erfüllen sind!

Es gibt kein Gut und auch kein Böse,
es gibt kein Schwarz und auch kein Weiß.
Vom Teufel ist mir nichts bekannt,
auch nicht von Gott, soviel ich weiß.

Ich weiß nur, dass es etwas gibt,
das schimmert, funkelt, züngelnd brennt.
Das ist es, was der Mensch nun mal
so ordnungshalber „Leben“ nennt.

Verstehen ist nicht gleich Verstand,
da kommt nun mal kein Mensch drum rum
zu denken, was man nicht versteht,
„Cogito ergo sum“ - dumm!

Es zählt nicht, was gewesen ist.
Nur Träume, Schäume, Hirngespinste.
Vergiss, was du gewesen bist,
vergiss Erfolge und Verdienste!

Solang noch jemand Schmerzen hat,
solang noch jemand leiden muss,
so lange sind wir nicht parat,
so lange ernten wir Verdruss.

Das Königreich, das auf uns wartet
steckt in uns ganz tief drinnen;
Wir müssen’s nur erst mal entdecken,
zu graben müssen wir beginnen!

Dann muss erst alles Schlechte raus;
der falsche Stolz, schlechtes Gewissen,
der Hass, der Zorn, die Gier und Neid,
gehören einfach rausgerissen!

Denn dies sind unsere Stolpersteine;
die Brocken, die den Weg versperren,
die Knüppel zwischen uns’re Beine,
die Schatten, die das Licht verzerren!

Da ist es wieder, Schatten - Licht,
das Gute und das Böse;
so kompliziert und doch so schlicht,
die Ruhe - das Getöse.

Das alles nur repräsentiert
und davon sprech' ich eben,
das, was da aus dem Nichts entstand:
Das pure, nackte Leben.

Gedicht von David T., 18.4.2001

YIN UND YANG

Freude, Glück und Nettigkeiten,
Ärger, Zorn und Streitigkeiten,
Liebe, Laster, Eifersucht,
Höllenqual der Drogensucht,

schwarz und weiß, oder auch grau,
dann wieder rot, gelb, grün, pink, blau,
tiefer Fall nach Höhenflug,
Ehrlichkeit obwohl Betrug,

ob rechts ob links, welch' große Frage,
doch eher in der Mittellage,
am liebsten ganz im Kreis umher,
von oben und von unten her,

von allen Seiten, wenn's denn geht
um Objektivität bemüht.
Egal ob Heavy - Metal, Radio - Pop,
Mozart, Beatles, Trance, Hip - Hop,

ob Politik, Wirtschaft, Soziales,
ob technisch hoch oder Banales,
Genie und Tor zur selben Zeit,
doch immer erst danach bereit!

Im Sommerhoch „Freut euch des Lebens!“,
im Winter „wieder all's vergebens!“,
Fleiß und Eifer wenn's beglückt,
bequem und faul wenn es bedrückt,

gesprächig in Geselligkeit,
traurig in der Einsamkeit,
Sprachwitz, Ironie, Sarkasmus,
Christentum und Satanismus,

rechtschaffen jedoch kriminell,
die Seele scheint transsexuell!
Tränen bei TV-Idioten,
Gleichgult bei TV-Kriegstoten,

Welt steht auf dem Kopf herum,
nicht sehr schlau doch auch nicht dumm!
„Charakterschwäche“ sagen eine,
doch Vielfalt ist es, wie ich meine,

die einen zu ‘nem Menschen macht,
der heult und weint, dann wieder lacht;
gleichzeitig alle Wege gehen
und trotzdem auf der Stelle stehen!

Ein talentiertes Unikat,
ein schizophrener Psychopath,
ein Kind vom Teufel und von Gott,
glücklich auch im Alltagstrott,

von Kopf bis Fuß gespalten,
Gesicht bemalt mit Lebensfalten,
ein Kerl nicht ganz aus einem Guss,
Yin und Yang im Überfluss!

Alles dies sind meine Seiten;
unerforschte Unendlichkeiten,
ich bin ein Mensch, ich bin ein Mann,
wie menschlicher er nicht mehr sein kann!

Gedicht von David T., 11.09.2001

Kornélia Petrik

1950 in Budapest geboren, flüchtete die Mutter 1956 mit ihren zwei Brüdern und Kornélia Petrik in die Schweiz. Schuljahre in Birsfelden und Trogen.

Abgebrochene Lehre als Kinderkrankenschwester und Heirat. Geschieden, zwei Söhne, 1983 der persönliche Durchbruch als „wertvoller Mensch“ mit einem Handelsdiplom und der ersten Arbeitsstelle bei einer kleinen Firma in Bottmingen. Seit 1991 bei einem Schweizer Chemiekonzern als kaufmännische Angestellte beschäftigt. 1994 Ausbildung zur Psychologischen Astrologin. Seit 1999 lebt und wohnt sie in Basel.